26,80

Dieses Buch gehört:

____

____

Das Kochbuch aus Thüringen, Sachsen & Schlesien

gesammelt, aufgeschrieben und ausprobiert von

Fritz Becker

verlegt von
Wolfgang Hölker

ISBN 3-88117-016-2
VVA-Nr. 28000016-7

Martinistraße 2, D-4400 Münster

Printed in Germany
Imprimé en Allemagne
Herstellung: Druckhaus Cramer, Greven
Buchbinderische Verarbeitung:
Klemme und Bleimund, Bielefeld

Inhalt

fig. 1

NORD - DEUTSCHLAND

Einleitung

100 Kilometer in der Natur = 33,1 mm auf der Karte

…chen Reichs

Heimatliche Küchenrezepte aus: Thüringen, Vogtland, Erzgebirge, Sachsen, Anhalt, Spreewald, Niederlausitz und der ehemals deutschen Provinz Schlesien sowie dem Sudetenland

Die nun schon seit 30 Jahren währende Teilung Deutschlands hat viele der einst in täglicher Praxis erprobten Küchenrezepte und Heimatgerichte in Vergessenheit geraten lassen.
Einer solchen unerwünschten Entwicklung entgegenzutreten, soll Sinn und Zweck dieses Buches sein, es soll mithelfen, alte und beliebte Küchenrezepte aus den ehemaligen ostelbischen Provinzen zu erhalten und zu pflegen, damit sie als erhaltungswürdiges Brauchtum und Kulturerbe unseres Volkes nachkommenden Generationen weitergegeben werden können!
Es sollte daher niemand voreilig räsonieren oder murren oder gar sagen, das ist ja hoffnungslos veraltet. Im Gegenteil, es soll hiermit namentlich den Hausfrauen unserer Großmütter- und Urgroßmüttergeneration ein Denkmal der lieben Erinnerung gesetzt werden, denn es sind ihre Rezepte, die hier niedergeschrieben sind.
Diese alten Heimatrezepte aus Omas Küche, zu deren Entwicklung auch unsere Berufsköche um die letzte Jahrhundertwende so vieles beigetragen haben, sollten wir neben unserer Pizza oder neben den Cevapcicis nicht vergessen, denn ein so herbes Schicksal haben sie nicht verdient.

Und seien wir ehrlich, es wäre doch wirklich mehr als schade, wenn die alten, mit so vielen Erinnerungen beladenen heimatlichen Küchenrezepte eines schönen Tages entweder ganz vergessen oder womöglich aus Unkenntnis bis zur Unkenntlichkeit verstümmelt würden.

Gehen wir ganz einfach mit Hilfe dieses Heimatkochbuchs zurück in das Paradies der Erinnerungen, werfen wir einen Blick in die Kochtöpfe der ehemaligen deutschen Ostgebiete, um Nachschau zu halten, womit Oma unseren Opa verwöhnt und erfreut hat und womit sie ihre zahlreiche und glückliche Kinderschar an den häuslichen Familientisch gelockt hat.

Ehemalige Provinz Schlesien und Sudetenland

Nicht nur die schlesische Mundart, auch die Küchenbräuche weisen viele Ähnlichkeiten und Verwandtschaften mit fränkisch-thüringischen Bräuchen auf, die Übergänge von schlesischen Eß- und Trinkgewohnheiten verlaufen fließend über die Lausitz und Sachsen bis Thüringen und Franken. Tatsächlich ist Schlesien besonders nach Ende des 30jährigen Krieges und nach dem Frieden von Münster und Osnabrück vorzugsweise von Franken besiedelt worden. In Altertum und Frühgeschichte war Schlesien von den germanischen Stämmen der Vandalen und Lugier besiedelt gewesen, was durch archäologische Denkmalsfunde wie jenen aus Sacrau beweisend bezeugt ist.

Die ersten Hinweise auf die ehemalige Landeshauptstadt Breslau datieren vom Jahre 1000. Vermutlich entstand es aus Ansiedlungen der Lugier und Vandalen, bereits im frühen Mittelalter war Breslau eine reiche und blühende Hansestadt. Deutsche Kultur und Lebensart gab dem Land Rübezahls mit seinem Riesengebirge, der Schneekoppe, dem hohen Zobten und Sudetenland das Gepräge.

Wer kennt die Speisen, nennt die Namen, die einst aus Schlesien zu uns kamen?

Da wären wohl nicht an letzter Stelle Schlesiens Wurstmacher zu nennen mit ihrer einmaligen Handwerkskunst. Mit Breslauern, ihrer schlesischen groben Gutsleberwurst, Wellwurst und all den vielen anderen Sorten stehen sie ebenbürtig, was Wunder, neben den Thüringern mit ihrem Weißen und Roten Preßsack und ihren Thüringer Rostbratwürsten!

Gewolftes halbweiches Bauchfleisch, mit Leber, Semmeln, Schwarten, Thymian, Majoran, Zwiebelfett, Salz und Pfeffer gemengt, in Därme gefüllt, im Kessel einmal aufgekocht und 30 Minuten ziehen lassen, das waren die Wellwürste, die mancher Schlesier sehr vermissen wird. Dazu aß man Sauerkraut oder Landbrot.

Auch Weißwurst gab es in Schlesien, die aß man mit Biersauce, die gekocht wurde aus Malzbier, mit Printen oder Pfefferkuchen. In der Einbrenne wurde zuvor Wurzelwerk in Butter angeschwitzt, gewürzt wurde die Sauce mit Salz, Pfeffer, Zucker, Essig und Zitronensaft, sie war auch unter dem Namen Weihnachtssauce populär! Wie in anderen deutschen Landen kam auch ab dem 11. November die Martinsgans auf den Tisch des schlesischen Haushalts, aber vorzugsweise eine Gans aus Brieg an der Oder, südlich von Ohlau.

Vom Gänseklein, das der Schlesier Geschnörre nennt, wurde die Geschnörresuppe mit Wurzelwerk gekocht. Man gab sie einen Tag vor Martini als Auftakt zu den Festesfreuden, als Einlage kamen Nudeln oder Reis hinein und natürlich das entknöchelte Fleisch.

Eine Besonderheit der schlesischen Landesküche war es, den grünen Blattsalat statt mit Speiseöl mit ausgebratenen Magerspeckwürfeln zu würzen. Die Speckwürfel wurden erkaltet über den Salat gegeben, gewürzt wurde mit Salz, Pfeffer, Essig, Zukker, viel Petersilie, Borretsch und grünem Dill.

Landesspezifisch war auch die berühmte Liegnitzer Gurkensoße, die man zu gekochtem Rindfleisch aß, zur Nachahmung jedem empfohlen. Die Sauce wurde süßsauer gewürzt mit Essig und Zitronensaft. Wenn Liegnitz genannt ist, müssen auch seine Liegnitzer Bomben und Liegnitzer Sauerkraut erwähnt werden. Die »Bomben« sind noch heute im Westen unseres Vaterlandes zur Weihnachtszeit im Handel erhältlich, ebenso wie die Neißer Pfefferkuchen. So leben die altdeutschen Bräuche fort.

Kürbis, der schon im Altertum verbreitet und beliebt war, wurde auf vielfältige Arten bereitet; zu Kürbismarmelade, Kürbisbrei, Kürbissuppe süßsauer mit Nelken, Zimt, Vanille, Korinthen, Bittermandeln, Zucker und Stärke gekocht, dann gab es noch Kürbisreis, Kürbiskrapfen, Kürbisgemüse und Kürbiskompott.

Auch Linsen mit Backpflaumen waren eine schlesische Spezialität. Linsen und Backpflaumen wurden am Vorabend gesondert eingeweicht, die Linsen wurden mit Röstspeckwürfeln und Zwiebelwürfeln gekocht, nach 50 Minuten Kochzeit wurden die Pflaumen zugegeben und mit gargekocht, abgeschmeckt mit Salz,

Pfeffer, Zucker und Essig, als Einlage nahm man Würstchen. Nachmachen!
Nach dem einleitend Gesagten kann es wenig verwundern, daß man in Schlesien zur Rinderzunge auch Rosinensauce kochte. Den Brauch hatten die Thüringer und Franken mit eingebracht, an die Rosinensauce einen Schuß Rotwein gegeben, als Zutat Kließla. Wer doa nicht mitaß, woar salber schuld.
Eine altschlesische Sitte ist zu berichten über das Kartoffelmus. Das gab Mutter zum Wochenende am Samstag, wenn sie wenig Zeit hatte oder wenn der Etat mal knapp war. Sie machte es so:
Unter die Stampfkartoffeln wurden geröstete Würfel von magerem Rauchspeck und Zwiebeln gemischt, auf tiefen Tellern angerichtet und mit Buttermilch übergossen, Petersilie darüber, und das ländlich-sittliche Essen war fertig und schmeckte sogar gut, ja herzhaft!

In die Gruppe der einfachen Schnellgerichte gehörte auch das typische Schlesieressen, das man Heringskartoffeln nannte; Pellkartoffeln in Scheiben brauchte man dazu, eine Einbrenne mit Zwiebelwürfeln und Mehl, aufgefüllt mit Fleischbrühe und Milch, glattgerührt und pikant gewürzt. In eine Auflaufform Kartoffelscheiben, Schinkenwürfel und Heringswürfel lagenweise gefüllt, mit der hellen Sauce übergossen, mit Reibekäse bestreut und im Ofen 20–25 Minuten überbacken, dazu aß man grünen Salat, mit Speckwürfeln angemacht. Das half auch Mutters Haushaltskasse über die Runden.

Zum schlesischen Bauernteller, der auf Holztellern angerichtet wurde, briet man Pellkartoffelscheiben mit Magerspeckwürfeln und Zwiebelwürfeln, in der Pfanne gewürzt mit Kümmel, Salz und Pfeffer.

Bratenscheiben vom Vortage und gebratene Wurstscheiben wurden auf diesen Bratkartoffeln angerichtet und mit Bratensauce übergossen, am Rande legte man auf Blattsalat etwas Selleriesalat an und überstreute alles mit gehackter Petersilie.

Pfifferlinge hießen in Schlesien Galuschel. Die kamen in dem schlesischen Mittelgebirge in Massen vor, ganze Kolonnen von Familienmitgliedern sah man zur Saison im Juli/August die Gelbschwämmchen suchen. Mit Röstspeck und Zwiebelwürfeln,

einem Schuß Sahne und viel Petersilie zubereitet, waren sie des Schlesiers schönste Tafelfreude, sein Fleisch des Waldes!
Gleiches kann von den Blaubeeren gesagt werden, die hier so reichlich vorkamen wie in Thüringens herrlichsten Bergwäldern. Was gab es Schöneres für die Schlesierjugend als Mutterns Blaubeersuppe aus dem Heimatwald. Wie schön hatte sie uns beschenkt, unsere Mutter Natur! Omachen kochte die Blaubeeren mit Zucker und Wasser auf und strich sie durch ein Sieb. Die Milch kochte sie dazu mit Zitronenschale auf und band sie mit etwas Stärke, dann wurde die Milch mit Eigelben legiert. Erkaltet wurden Blaubeersaft und angedickte Milch zusammen verrührt und gut gekühlt als Sommertrank von jung und alt freudig begrüßt. Es ist wohl eine der schönsten Heimaterinnerungen an Schlesiens Küche und seine freigiebigen Wälder!
Wenn Mitte Oktober in Schlesiens Forsten und Fluren die Jagd aufging, dann war auch die Zeit des Hasenbratens gekommen. Die Ergebnisse schlesischer Treibjagden waren wie in Böhmen und Mähren nicht gering, die Strecken ergaben oft tausend Hasen und mehr.
Im Küchengebrauch wurden die Hasen enthäutet und einige Tage in Buttermilch eingelegt, danach gespickt. Der Rücken wurden gesondert gebraten, Keulen und Läufe wurden mit Wurzelwerk und Wacholder angebraten und weichgeschmort, die herzhaft gewürzte Wildsauce wurde mit reichlich Rahm vollendet. Dazu gab man Blaukraut und Klöße, Preiselbeerkompott und Apfelmus.
Zu den alten Heimatgerichten Schlesiens, die früher gang und gäbe waren, nun aber beinahe vergessen sind, zählt das Kalbshirn, gebacken und besonders die Kalbsfüße, gebacken. Besonders letztere haben es verdient, vor dem Vergessensein bewahrt zu werden.
Die Kalbsfüße wurden in Wasser mit Salz und Suppengrün gekocht bis sie weich waren, dann wurde die weiche Haut vom Knochen abgelöst und auf ein Randblech gelegt. Von oben mit einem Brett beschwert, ließ man sie erkalten. Nach dem Erkalten wurden Vierecke ausgeschnitten und in Mehl, Ei und Semmelbrösel paniert. Die panierten Kalbsfüße wurden in der Pfanne in aufsteigender Butter von beiden Seiten goldgelb gebraten,

dazu aß man Kartoffelsalat mit Magerspeckwürfeln, die geröstet waren, und grünen Salat. Dies ist eine so echte Schlesierdelikatesse, die unbedingt wiederaufleben sollte. Gleiches ist vom Kalbshirn zu sagen, das in heißem Essigwasser gebrüht wurde, worin man es 15 Minuten ziehen ließ. Dann wurde es enthäutet, in Mehl, Ei und Semmelbröseln paniert, in schwimmendem heißen Fett goldgelb ausgebacken. Dazu passen Kartoffeln und Gartengemüse oder Salat.
Daß man in Schlesien auch Bouillonkartoffeln aß, ist fast überflüssig zu erwähnen. Aber anders als in Berlin aß man sie dort als Eintopf. Das Rindfleisch wurde in Würfeln als Einlage unter die Bouillonkartoffeln gemischt. Die Suppe des »Deutschen Mannes«, die Erbsensuppe mit Schweineohr, hatte in Schlesien natürlich ebenso ihre Heimat wie einst in Eberswalde oder in der Gegend um das traditionsreiche Kloster Chorin.
Zu den oberschlesischen Heimatgerichten zählte einst auch der Saure Jur. Dazu benötigte man Sauerteig, Roggenschrotmehl, Rauchspeck, Zwiebel, Sauerkrautwasser, Salz und Pfeffer. Es war ein Fastengericht, das man in der Karwoche aß.
Sauerteig und Mehl wurde mit Milch verrührt und zum Gehen an einen warmen Ort gestellt. Diesen Teig ließ man unter Umrühren in kochendes Wasser oder Brühe einlaufen und durchkochen, dann gab man die gerösteten Speck- und Zwiebelwürfel hinein und einen kräftigen Schuß Sauerkrautwasser. Abgeschmeckt wurde mit Kümmel, Salz und Pfeffer. Auf einem Suppenteller richtete man einen guten Löffel Stampfkartoffeln an und goß von der sämigen Jur-Suppe darüber, in der man auch Würstchen als Einlage warmmachen konnte.
Jenseits des Riesengebirges lag in westlicher Richtung das Sudetenland mit Gablonz, Trautenau und Reichenberg. Geschichtsträchtige Orte waren nicht weit entfernt davon, so Jungbunzlau und Königgrätz, Gitschin und Narbod. Wie Ostpreußen, Hinterpommern und Schlesien, hatte das Sudetenland sich mit seinen kulinarischen Leistungen einen Platz der Erinnerung in den Herzen aller Feinschmecker bewahrt.
Eingebettet in den Kulturraum zwischen Schlesien und der wienerischen und böhmischen Küche, hat uns die sudetendeutsche Mehlspeisenküche viele schöne Heimatgerichte geschenkt, die

wir im Anschluß an die schlesische Küchenlaudatio nicht unerwähnt lassen können.
Das Herz jedes Sudetendeutschen wird wohl höher schlagen, wenn er die Namen der nachfolgenden Leibspeisen hört, die er in seiner Jugendzeit an der elterlichen Tafel genießen durfte. Die Alten werden sich dabei wehmütig erinnern!
Ölmützer Quargeln, Böhmisches Kraut, Rinderbraten mit Ingwer, Apfelstrudel, Euter gebacken, Krenfleisch mit Apfelkren, gefüllter Gänsehals, Germknödel, Henne auf Speck gebraten, Kalbsbrust mit Semmelfülle, Hecht mit Rahmmeerrettich, Palatschinken, Zwetschgenknödel, Hausmacher Preßkopf, Topfenknödeln, Gefüllte Ente und all die andern Heimatgerichte aus dem Lande Schwejks.
Als Krenfleisch nahm man gekochten Schweinekopf mit der Zunge, dazu wurde geriebener Meerrettich mit geraspelten Äpfeln und etwas geschlagener Sahne vermischt. Krenfleisch ißt man warm auf dem Holzteller mit Apfelkren und einer Scheibe kernigem Landbrot.
Preßkopf wurde aus gekochter Schweinsbacke, Zunge und Schweinsherz hergestellt, alles gekocht, dann in grobe Würfel geschnitten, mit Salz, Pfeffer und gesiebtem Schweineblut vermischt, in einem gesäuberten Schweinemagen oder Kunstdarm gefüllt und so langsam 1 gute Stunde in der Kopfbrühe gekocht, dann herausgenommen, auf ein Randblech gelegt und beschwert, so daß der Darm gepreßt wurde.
Kalt ist der Preßkopf eine unvergleichliche Heimatdelikatesse. Er wird in dicken Scheiben serviert, dazu gibt man Zwiebelwürfel, Essig, Salz, Pfeffer und Schwarzbrot.
Kuheuter wird mit Salz und Suppengrün schön weich gekocht. Erkaltet schneidet man davon Scheiben, die in Mehl, Ei und Semmelbröseln paniert werden. Man backt sie in schwimmendem Fett schön goldbraun aus, dazu gab es Kartoffelmus, Gemüse oder auch Salate.
Von dem gesäuberten Gänsehals, den man füllen wollte, streifte man die Haut ab, diese Gänsehalshaut wurde mit einem Schweinsgehäck gefüllt, das mit Salz, Pfeffer und gehacktem Ingwer gewürzt und mit etwas Mehl gebunden war. An beiden Seiten wurde der gefüllte Gänsehals zugebunden und entweder in

Brühe mit Suppengrün gekocht oder in der Ofenpfanne mit Butter gargebraten.
Der Rinderbraten mit Ingwer wurde erstens mit Speck gespickt, dann mit Salz, Pfeffer und gemahlenem Ingwer gut eingerieben, anschließend im Ofen allseitig angebraten und dann im Schmorfond weichgeschmort, die Sauce wie üblich gebunden. Als Beilage zum Rinder-Ingwer-Braten aß man vorzugsweise hausgemachte Nudeln und Salat.
Zu dem berühmten Apfelstrudel nahm man 350 g gesiebtes Mehl, eine Prise Salz, einen guten achtel Liter Wasser, einen Tropfen Essig, 40 g Butter und 1–2 Eier. Aus diesen Zutaten wurde der Teig solange geknetet, bis er trocken war, den man, zu einer Kugel geformt, 20 Minuten ruhen ließ. Sodann wurde der Teig auf ein sauberes, gemehltes Leinentuch gelegt und mit dem Nudelholz ausgerollt, gezogen und mit zerlassener abgekühlter Butter bestrichen, die Ränder glatt geschnitten. Zur Hälfte wurde der ausgerollte Teig mit Semmelbröseln bestreut, die zuvor in Butter geröstet waren, darauf kamen bis zur Hälfte die Apfelschnitze, die gemischt waren mit Rosinen, Korinthen, Mandeln, Zucker, Zimt und Rum. Indem auf einer Seite das Leinentuch angehoben wurde, rollte man den Strudel zusammen, legte ihn auf ein gefettetes Backblech und bestrich ihn mit Butter. Nun wurde er im vorgeheizten Ofen goldbraun gebakken, nach dem Erkalten mit Puderzucker bestäubt.
Auf solche Weise machte man auch Kirschenstrudel, Quarkstrudel, Nußstrudel, Mohnstrudel und einige andere Variationen. Auch die schon im Schlesischen bekannt gewordenen Hefeklöße waren hier sehr beliebt unter dem Namen Germ-Knödel. Man füllte sie mit Kirschen, Aprikosen, Zwetschen, Quark oder Pflaumenmus und kochte sie so in Salzwasser gar. Danach wurden sie in guter Butter geschmälzt, in gerösteten Semmelbröseln gewälzt oder in zerbröckeltem Honigkuchen, man bestreute sie mit Feinzucker oder übergoß sie mit Fruchtsaft und brachte sie so als Süßspeise zu Tisch. Besonders für Kinder eine echte Leibspeise!
Zum gekochten Hecht setzte man einen Sud mit Salz, Essig und Suppengrün auf. Darin kochte man die Hechtschnitten. Nebenher rieb man den Meerrettich, gab einen Löffel Weizenmehl

dazu, goß etwas sauren Rahm darüber, verquirlte alles mit etwas Fischbrühe und kochte diese Meerrettichmischung mit einer Flocke Butter auf dem Herde auf. Die angerichteten Hechtportionen wurden mit der Sauce übergossen und so serviert, dazu trank man einen Moldauwein.
Eine weitere Landesspezialität waren die gebackenen Hartkäse wie Emmenthaler, Gouda, aber auch Camembert. Die Käseportionen wurden wie Wiener Schnitzel paniert und kurz in heißem Fett schwimmend ausgebacken, dazu servierte man Kartoffelmus, frische junge Gemüse und streute viel gehackte Petersilie über den gebackenen Käse.
Von den heimatlichen und landesüblichen Getränken seien zum Schluß die böhmisch-mährischen Landweine sowie das gute Pilsener Bier neben dem Slivovica nicht vergessen.
Diese Plauderei und Schilderung schlesischer und sudetendeutscher Küchentraditionen soll ohne »Blick zurück im Zorn« seinen früheren Landesbewohnern einige Erinnerungen bieten und dazu anregen, die alten heimatlichen Küchenbräuche und Küchenrezepte wieder aufleben zu lassen, damit sie als Kulturerbe auch unseren Nachkommen solche Gaumenfreuden bereiten können wie schon den Generationen vor uns, und die letztlich an ihrer Entwicklung und Erprobung so großen Anteil hatten.

Ehemalige Provinz Sachsen und ehemaliges Land Sachsen

Um die heimatliche sächsische Landesküche besser begreifen zu können, sind bei der methodischen Darstellung von Eß- und Trinkgewohnheiten im Sachsenland einige knappe historische Exkursionen angebracht. Im Altertum war die Bevölkerungsgruppe der Sachsen im heutigen Gebiet Holsteins bis nördlich vom Harz und zwischen Elbe und Ems ansässig. Ein Teil dieser germanischen Volksgruppe siedelte um 400 mit Jüten und Angeln nach Britannien über und bildeten so den Stamm der Angelsachsen.

Die Liudolfingischen Sachsenherzöge wurden 919 bis 1024 in den Königsstand erhoben. 1180 wurde Sachsen von Heinrich dem Löwen zerstückelt. Ab 1260 datiert die Spaltung der sächsischen Volksgruppe in Sachsen-Lauenburg und Sachsen-Wittenberg mit der Kurwürde.

1423 fällt die Kurmark Sachsen-Wittenberg an die Wettiner Markgrafen von Meißen, so daß der Landesname Sachsen auch auf die Ländereien Meißen, Thüringen und Vogtland übergeht.

Sachsens ursprüngliches Stammland heißt heute Niedersachsen, auf dem Gebiete der Bundesrepublik Deutschland gelegen.

Zur ehemaligen Provinz Sachsen und zum Land Sachsen in der heutigen DDR:

Das Land Sachsen ist aufgeteilt in die Bezirke: Leipzig, Dresden, Karl-Marx-Stadt; die ehemals preußische Provinz Sachsen ist aufgeteilt in die Bezirke Halle und Magdeburg.

1806–1918 war Sachsen Königreich, dann kurze Zeit Freistaat, in der Weimarer Republik Land Sachsen, während die ehemals preußische Provinz Sachsen als Land Anhalt geführt wurde.

Die geographische Nachbarschaft zu Thüringen und die wechselseitigen wirtschaftlichen und kulturrellen Einflüsse aus der gemeinsamen geschichtlichen Abfolge machen die vielen Ähnlichkeiten der sächsischen und thüringischen Landesküche plausibel.

Grießklöße, Rindfleisch in Rosinensauce, Serviettenklöße, Speckklöße, Quarkkeulchen, Warmbier und Kartoffelklöße zeigen auch dem oberflächlichen Betrachter die engen Verflechtungen mit den Nachbarprovinzen Schlesien und Thüringen.

Durch die in den Archiven und Chroniken bezeugten Leipziger Magisterschmäuse wurden sächsische Küchenkünste und Tafelschwelgereien schon im Spätmittelalter rühmlich bekannt. Auch mit seinen Handelsbeziehungen war Sachsen in den früheren Jahrhunderten offenkundig anderen deutschen Landen um einiges voraus. So ist zum Beispiel durch Kammerrechnungen des Brandenburgischen Hofes bezeugt, daß 1616 in Leipzig Zitronenkäufe getätigt wurden.

Der Handelsmann Caspar Bose ließ schon lange vor Fürst Pückler-Muskau in seinem Leipziger Garten Ananas anbauen, um die man sich in Berlin und Brandenburg erst 1747 bemüht, wie die Privatschatulle Friedrichs des Großen beweist, der sich um dieses Jahr einige der Ananaspflanzen aus Glatz mitbringen läßt, um 1750 seinen Lustgärtner Bartsch in Oranienburg mit der Züchtung dieser Exotin zu beauftragen. Andererseits beweisen die Kammerregister des Kurfürsten Joachim II. von Brandenburg, daß in den Jahren 1613 und 1632 zwei Tönnchen Oestrichen (Austern) an das befreundete Fürstenhaus in Dresden geliefert werden. Dies sind Beweise dafür, daß in Sachsen neben der volkstümlichen Landes- und Heimatküche, neben den landesüblichen Leibgerichten auch die höhere Kochkunst à la parisienne in Gunst und Mode stand, was aber im Lande des berühmten Dresdner Zwingers nur logisch und nicht verwunderlich war, ist es doch sächsische schöngeistige Erkenntnis:

> Erst wenn der Magen holde Lust genossen,
> Wird uns der Reiz des Geistigen erschlossen.

So kann es auch nicht verwundern, daß man im liberalen Sachsen schon ungeniert und ungestört seinen Kaffee im Gasthaus trinken konnte, während im Preußischen die Kaffeeschnüffler Friedrichs des Großen Kaffeemühlen, vornehme Tassen, gemeine Schälchen, Brenngefäße und alles, zu welchem das Wort Kaffee beyzusetzen sey confiscirten, damit dessen Andenken unter den Mitgenossen zernychtet sey.

Man wird sich vorstellen, wie darum bei den Kaffeesachsen der Schreckensruf durch die Lande schallte »Die Preußen kommen!«, als diese nämlich unter Führung des Alten Dessauers im Zweiten Schlesischen Krieg nach Leipzig einmarschierten.
Jedoch wurde Sachsen nicht dadurch in kulinarischer Hinsicht bekannt, daß seine Bewohner im Volksmunde den Namen Kaffeesachsen erhielten; auch durch sein echtes und aufwendiges Leipziger Allerlei und die Dresdner Christstollen wurde es nicht weniger bekannt. Berühmt ist auch der sächsische Bliemchenkaffe (Blümchen) in der Vergangenheit gewesen, so genannt, weil man durch den Kaffee hindurch bis auf den Grund der Tasse das Blümchenmuster erkennen sollte, und süße mußte er natürlich sind, und zu diesem Bliemchen braucht der richtige Sachse seinen sächsischen Gaffeeguchen zum ditschen (zum Eintunken). Da gibt es den sächs. Schokoladenkuchen, den Sirupkuchen, Kirmeskuchen genau wie in Thüringen, Bienenstich, Eierschecke und den echten sächsischen Butterkuchen und viele andere Arten mehr.
So hat sich Sachsen auch den Ruf eines Kuchenlandes erworben. Eine liebgewordene Verzehrsgewohnheit, das Kaffeetrinken und Kuchenessen, behält der Sachse in aller Welt bei wo er auch sein möge. So zum Beispiel auch in Manhattan in New York, wo unter den vielen deutschen Restaurants und Gaststätten sich auch solche befinden, die man sächsische Kaffeestuben nennt, und wo auch fern der Heimat geditscht werden kann.
Führend in der Entwicklung sächsischer Kochkünste war seit jeher Leipzig, die alte Handelsstadt, wo man im Mittelalter in Ausspannungen und Herbergen seinen Schoppen Wein und späterhin seine Leipziger Gose trinken konnte. Ehrwürdige Namen zierten diese Gasthöfe, so z.B. Drei Könige, Zur Goldenen Laute, Zum Goldenen Hut, Zur Blauen Hand, Drei Linden, Drei Lilien und viele andere mehr.
Als Stätten der Gastlichkeit bildeten sich speziell Kellergaststätten in Leipzig heraus, die aber sämtlich hohen Rang und Weltberühmtheit erlangten. Erlauchte Gestalten der damaligen Geisteswelt waren in ihnen zu Gast. Da war Erkels Keller in der Alten Waage und der historische und berühmte Äckerleins Keller am Markt, Steinmanns Keller im Mauritianum Grimmaische

Straße und Auerbachs Keller gegenüber dem Naschmarkt.
Auerbachs Keller wurde 1530 von dem Professor der Medizin, Rektor Heinrich Stromer aus Auerbach, gegründet; er war Auerbachs Hof genannt. Goethe flüchtete sich in Auerbachs Keller in seiner Studentenzeit in Leipzig, wenn er sich durch Eifersüchteleien seines Käthchen Schönkopf bedrängt fühlte. Hier suchte er Linderung im Wein und bei gutem Essen. Hier sah Goethe das Bildnis »Faust's Ritt auf dem Weinfaß«. Dies und seine wilden Tage und Nächte in Leipzigs Auerbachs Keller ließen in ihm den Gedanken zum Urfaust reifen.
Aeckerleins Keller wurde 1700 von dem Bankier und Ratsherrn Peter Hohmann erworben, Graf Hohenthal hatte den Barockpalast am Markte errichtet – ein Kleinod!
Einen Monat vor Beginn der Völkerschlacht bei Leipzig – 16.9. 1813 – pachtete der Weinschenk Jakob Aeckerlein aus Lauchstädt den Keller. Erlauchte Köche von Weltrang sollte dieses Haus dem deutschen Volke und der Wirtschaft später hervorbringen.
In Aeckerleins Keller mit den Austernstuben und Trüffelsalons gab es alles, was des Feinschmeckers Herz begehrte. Das Gästebuch des Hauses weist Männer der Kunst und Wissenschaft neben Fürsten und Herzögen aus, Mendelsohn, Schumann, Puccini, Rubinstein, Brahms, Reger, Nikisch und das weltberühmte Gewandhausorchester aßen und tranken an den Tafeln dieses erlauchten Hauses.
Der Thüringer Hof in Leipzig, dessen Anfänge im 15. Jahrhundert liegen, war nicht minder berühmt für Speis und Trank. Würdig stand neben dem Thüringer Hof das Gasthaus der »Kaffeebaum«. Es war Sachsens erstes Kaffeehaus, 1694 wurde es gegründet. In ihm schlürfte Sachsens Großer Kurfürst August der Starke seinen Mokka, die Legende berichtet, daß er dem Hause sein Wahrzeichen über dem Portal geschenkt hatte, es stellte einen malerisch unter dem »Coffeeboom« ruhenden Türken dar, dem ein Knabe eine Trinkschale reicht.
Leipziger Bierstuben nach typischer sächsischer Lebensart waren die »Große Feuerkugel«, in derem Hof Goethe Wohnung nahm, und das Gasthaus »Palmengrotte«. Was dem Berliner seine Weiße und dem Frankfurter sein »Äppel-Woi« ist, das war

dem Sachsen seine Gose, ein obergäriges Bier von lieblich-säuerlichem Geschmack. Der Alte Dessauer aus Preußen soll sie eingeführt haben, weil er während seiner dortigen »Besatzungszeit« ein schauderhaftes Biergesöff vorfand. Das Gosendorf in Sachsen überhaupt war der Vorort Eutritzsch bei Leipzig, wo in unmittelbarer Nachbarschaft der Kümmelapotheke die historische »Gosenschenke« war.
Dann gab es noch die Gasthäuser »Zwei Goldenen Sternen« und »Ohne Bedenken«, wo die Gose in langen Stangengläsern geschenkt und getrunken wurde.
In diesem Heimatkochbuch sind einige der für Sachsens Landesküche typischen Mahlzeiten rezeptiert, auch solche aus dem Erzgebirge, das durch seine Grenzlage zur Tschechoslowakei die küchenkulturellen Einflüsse Sachsens und Thüringens anschaulich widerspiegelt.
Bei der Erprobung und Verkostung wünsche ich dem Leser guten Erfolg und erinnerungsvolle Tafelgespräche über das traditionsreiche Sachsenland.

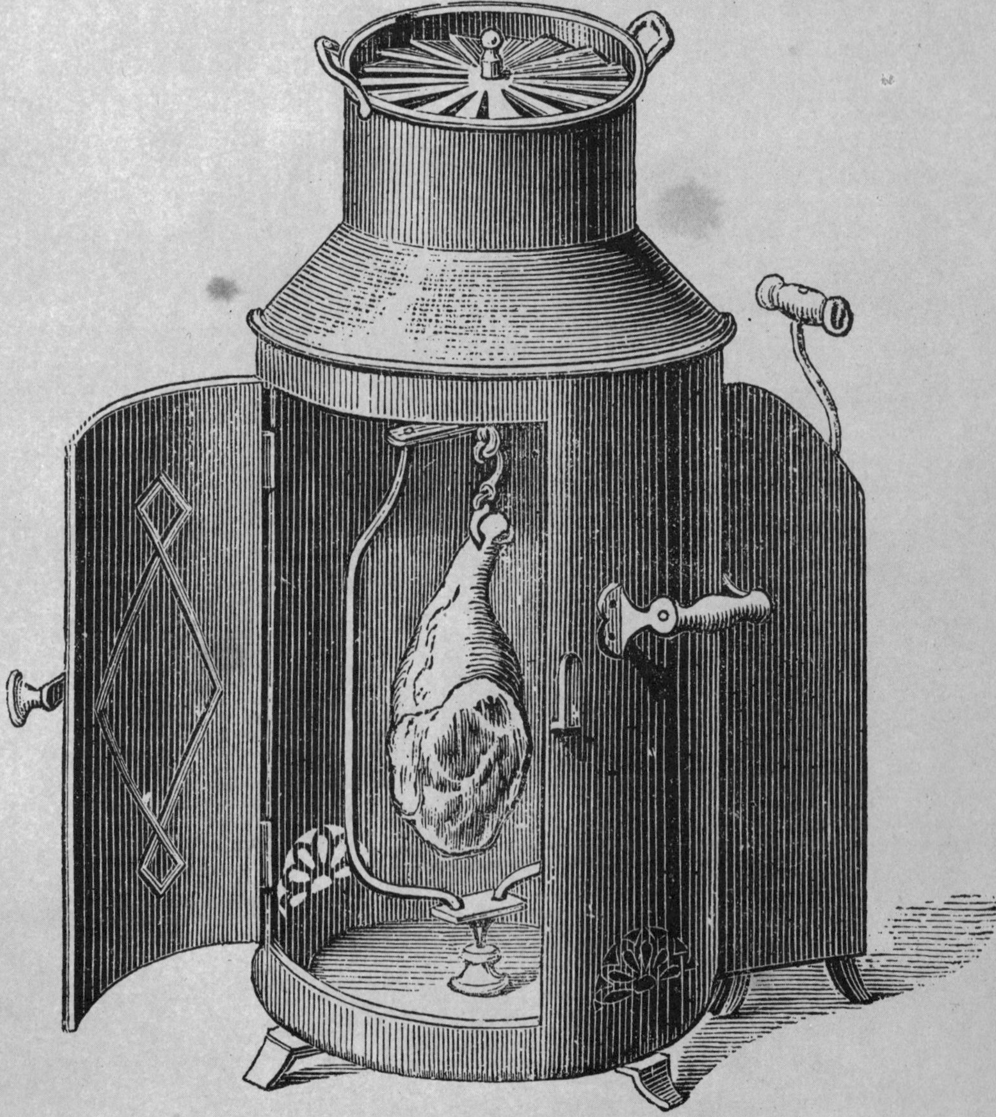

Land Thüringen mit Vogtland

Die thüringische Kultur mit ihren Sitten, Küchen- und Tafelgebräuchen hatte in frühgeschichtlicher Zeit ihre ersten Grundlagen in dem germanischen Stammesverband der Hermunduren, der im Thüringer Wald mit seinen Schiefergebirgen, dem Rennsteig, dem Großen Beerberg (982 m) beheimatet war. Thuringe nannten sich die Bewohner des Landes im 3. und 4. Jahrhundert, als Thüringen ein Königreich war. 531 wurde das Königreich von Franken und Sachsen zerstört, Thüringens Norden geriet unter sächsische Herrschaft, der Süden des Landes unter fränkische Herrschaft.

Schon aus diesem historischen Entwicklungsprozeß ergibt sich, daß thüringische Küchenbräuche sich wenig von den fränkischen Verzehrsgewohnheiten unterscheiden, die später auch bei der Besiedlung Schlesiens eine beeinflussende Rolle spielen sollten.

Mit geringen abweichenden Eigenschaften ist die vogtländische fast vollständig mit der thüringischen Küche identisch. Im Jahre 550 nach Christus räumten die Thuringe vor überlegenen sorbischen Kräften einen Teil ihres Siedlungsgebietes südlich Greiz und Reichenbach unter Führung des Hermann, Hadubald und Walthari, um jenseits westwärts der Saale von Stammesbrüdern aufgenommen zu werden. Die von ihnen um Reichenberg verlassene alte Heimat ist jenes Vogtland, das uns gelegentlich, wie hier in diesem Buche, mit seinen alten Heimatrezepten begegnet, die sich in den Jahrhunderten gebildet haben.

Von den Thüringer Heimatgerichten sind vor allem zu nennen:

Die einmalig guten Thüringer »Rostbratwürscht«, wie man dort sagt. Auf Holzkohlerost gebraten, verströmen sie die herrlichsten Röstaromaten, die den Kenner und Liebhaber schon von weitem anlocken. In eine aufgeschnittene Semmel gesteckt, ist die Rostbratwurst einer der herrlichsten Magentroste, zusammen mit einer Maß Bier, die uns unsere schöne Heimatküche gegeben hat. Besonders zu Markttagen stehen die Bratwurstroste an belebten Straßen und Plätzen und brauchen um Absatz nicht zu sorgen. Der alte Brauch ist bis heute nicht gebrochen und wird wohl fortwähren, solange es noch Thüringer gibt. Das

Rezept zu diesen köstlichsten aller Würste ist in diesem Buche verewigt.

Berühmt geworden in aller Welt sind gleichfalls die unnachahmlich guten Thüringer Kartoffelklöße, von den Thüringern liebevoll auch Bauchritscher genannt, weil sie so genüßlich, geschmackvoll mit der Bratensauce die Speiseröhre hinunterrutschen.

Es war ein fast geheiligter Brauch in Thüringes Haushaltsküchen, daß es mittwochs und die Sunntig (sonntags) Kartoffelklöße als Zukost zu Braten und Gemüse gab. Da strömte dann alles aber schnell heim in Mutters oder Omas gute Stube. Da gab es kein Aufhalten mehr, man hörte noch ein:

i mu fei gieh, die Klüaß wern sust kolt!
(Ich muß nun geh'n, die Klöße werden sonst kalt!)

Da es sich bei den Ureinwohnern Thüringens, den Hermunduren, um einen der ältesten oder den ältesten germanischen Stammesverband überhaupt handelt, ist es wissenschaftlich sehr wahrscheinlich, daß der Küchenbrauch des Kloßkochens von den ersten Thüringern aus dem nahen römisch besetzten Vindelicien via castra regina (Regensburg) übernommen wurde – mithin ein Küchenrelikt aus der Antike ist.

Denn daß die vorthüringischen Hermunduren über den Limes (römischer Pfahlgraben) hinweg Wirtschaftsbeziehungen zu den Römern hatten, ist durch Tacitus Beschreibungen über den Hermunduren-Führer Marbod bezeugt. Jedenfalls haben die ersten Thüringer von den Römern erfahren, daß diese einen puls (Brei) kochten, der aber das war, was wir einen Kloß nennen, nämlich Mehlteig zu einem Kloß geformt und in Wasser gekocht. Die Germanen aber, ebenso wie wir heute, verstanden unter dem Wort puls einen flüssigen Brei. Das Beispiel bietet einen anschaulichen küchenkulturellen Anschauungsunterricht darüber, wie aus den ersten Anfängen heraus sich Essensbräuche zu entwickeln vermögen. Daß nun im Verlaufe der Entwicklung der Mehlkloß variiert wurde und weitere Kloßarten wie Grießklöße, Kartoffelklöße und andere entstanden, war nur denklogisch und folgerichtig.

Der Mehlkloß war auch der Vorläufer des Brotes in der Antike. Indem nämlich die ersten Kochkünstler auf die Idee kamen, die-

sen Mehlkloß statt zu kochen in Asche oder Glut zu backen, war auch die Geburtsstunde des Brotes da.
Auf die oben geschilderten Ursprungsbeziehungen in der Antike deutet auch die thüringische Rosinensauce hin, die der Thüringer zu gekochtem Rindfleisch oder zu gekochter Zunge ißt.
Die Geschichte der schlesischen Landesküche beweist, daß die dort zugewanderten Thüringer und Franken den Brauch auch dort einführten. Überhaupt hatte der Thüringer eine Vorliebe für die Kombination von Fleisch und süßen Früchten, ein Küchenbrauch, der auch heute wieder in der feinen Küche groß in Mode ist. Eines der typischen Gerichte ist der Thüringer Birnenkloß, je zur Hälfte Schweinefleisch und Birnen im Hefestück in irdenem Gefäß 3 Stunden im Backes (im Backhaus = beim Bäcker) gebacken. Ein hiervon abgewandeltes Gericht heißt Backhauskartoffeln; statt des Hefestücks werden dazu geschälte Kartoffeln verwendet.
Landestypisch sind auch die Thüringer Wickelklöße. Das sind Hefeklöße gebacken und mit Backobst angerichtet. Zu dem Backobst wurden auch Feigen verwendet, was wieder ein deutlicher Hinweis auf die in grauer Vorzeit schon verwandten Feigen ist, die man von den Römern kennenlernte. Diese brachten sie aus ihren Eroberungsfeldzügen heim, auch wuchs die Feige (ficus) wild in Hellas, sie wurde im Altertum auch zur Herstellung des Essigs benötigt.
Eine weitere thüringische Eßmode war der Hefekloß mit Porreegemüse, das Weimarer Rostbrätel, ein flachgeklopftes Rindersteak mit Schnittlauch und Kümmel, und der Karpfen nach Greizer Art, der schichtweise mit gehackter Zwiebel, Petersilie und Sardellenstreifen und zerlassener Butter zugedeckt gedünstet wurde.
Überhaupt war Thüringen als Binnenprovinz mit reichen Beständen an Süßwasserfischen versehen, die auch den Speisezettel mit beeinflußt haben. Das Aufkommen in den einzelnen Seen und Wasserläufen war zwar verschieden, aber insgesamt kamen folgende Fischarten vor: Aale, Forellen, Hechte, Schleien, Äschen, Barsche, Karpfen und Weißfischarten.
Der Hecht wurde in Thüringen gern mit fettem Speck gespickt, da er ein magerer Fisch ist, dann naturell gebraten oder paniert

gebacken. Auch wurde der Hecht im ganzen gespickt und dann im Ofen gebacken und dabei mit saurer Sahne übergossen. Blau gekocht mit Meerrettichsauce war er so beliebt wie im böhmischen Lande.
Weiter gab es noch die Fischmischgerichte Hecht und Aal oder Hecht und Barsch zusammengekocht in Sud mit Suppengrün und Gewürzen, dazu aß man braune Butter, zerlassene Butter oder Rotweinsauce, Kapernsauce oder Kräutersauce unter Verwendung des Suds.
Schleien aß man vorwiegend blau gekocht, den Karpfen auch in Biersauce, Forellen und Weißfischarten auch gebacken.
Schlei, Forelle und Karpfen blau wurden in Wasser mit viel Salz gekocht. Erst dann erhält der Süßwasserfisch seine Würze. Das Kochwasser muß fast bitter sein vom Salz; ausprobieren!
Eine willkommene Bereicherungsmöglichkeit für den großmütterlichen Küchenzettel war der unvergleichlich schöne Thüringer Wald. Neben Hirschen, Rehen, Hasen, Wildschweinen, Fasanen, Rebhühnern, Krammetsvögeln und Wildkaninchen gab er so vieles andere her: Die Brombeeren, Himbeeren, Walderdbeeren, die man heute nirgends mehr sieht, Preiselbeeren und nicht zuletzt die Blaubeeren in Hülle und Fülle.
Nicht zu vergessen das reiche Pilzvorkommen der Wälder, mit den Pfiffern, wie der Thüringer sagt (Pfifferlinge), Steinpilzen, Birkenpilzen, Ziegenbart, und wo Eichenbestand war, gab es sogar Trüffeln, die aber nur Kenner finden können. Wenn die Frauen und die Kinderscharen im Juli, August in den Wald gingen mit ihren Krätzen und Körben auf Pilzsuche, dann hieß es »wir gehn in die Schwämmle«.
Einmalig ist der Genuß eines frisch im Wald geschnittenen Pfifferlings oder Steinpilzes in Rahmsauce, mit frischer gehackter Kräuselpetersilie angemacht. Heute haben solche Pilze fast Seltenheitswert. In der Großstadt sind sie nur noch für ausgesprochene Liebhaberpreise zu haben. Großmütterchen hatte sie umsonst, wie die vielen Waldkräuter, die sie sammelte und die keiner so genau kannte wie sie. Zu Gesundheitstees und als Arznei für die Notfälle wurden sie getrocknet und für die Winterszeit verwahrt, denn der Tabletten- und Arzneikonsum war, anders als heute, sehr gering.

Den Bericht über die Landesküche des Grünen Herzen Deutschlands, wie es einst genannt wurde, möchte ich abschließen mit einem Auszug der Plauener Marktchronik aus dem 16 Jahrhundert, da eben das eingangs genannte Vogtland mit Plauen vormals zu Thüringen gehörte. Da hieß es:

»Peinlich achteten die Schauherren darauf, daß das Fleisch der gleichen Art sorgfältig nach Alter und Marktwert getrennt gelegt würde, das Kuhfleisch nicht unter das Ochsenfleisch, Schaffleisch nicht unter das Schöpsenfleisch gemengt und zum gleichen Preis verkauft würde. Mit viel Kenntnis und wenig Nachsicht unterstützt und auch widersprochen von den Meistern, setzten sie nun den Preis fest. Den schrieb der Ratsfreund Wolfgang Bleimüller mit Kreide auf die Schiefertäfelchen, die ihm bei jeder neuen Art gereicht wurden.

So schrieb er:
1 Groschen für bestes Ochsenfleisch,
10 Pfennig für gewöhnliches und
8 oder 9 Pfennig für geringes Rindfleisch,
10 Pfennig für Rindszunge und
6 Pfennig für Magen oder Flecke,
für Kalbfleisch 7 oder 8 Pfennig,
für Kalbskopf mit 2 Füßen 2 Groschen,
für Lamm oder Schöpsenfleisch 9 und 10 Pfennig,
für Schweinefleisch 1 Groschen,
2 Groschen und 6 Pfennig für Speck
und für Bratwurst 1 Groschen.

Womit zugleich auch bewiesen ist, daß es die Thüringer Bratwurst mindestens schon seit dem 15. oder 16. Jahrhundert gibt.

Die alte Marktchronik endet mit den Worten:

»Wiederholt beteuerten die Fleischer, daß alles nach plauischem Gewicht gemarktet würde, der Zentner zu 90 Pfund gerechnet. Und so galt auch den Gewichten und den plumpen Waagen ein prüfender Blick. Nun empfahl sich der Ratsfreund mit seinen Verordneten, schärfte freilich die Stunden des Verkaufs wie die Erfüllung aller Gesetze noch ausdrücklich ein. Die Art, wie er dabei aus der zierlichen Ärmelkrause die feine Hand hob, wie der scharf geschnittene Kopf unter dem breiten Hute in dem mächtigen Radkragen auf und nieder ging, sprach deutlich aus, daß der Rat der Stadt in den Dingen des allgemeinen Wohls nicht mit sich spaßen ließ.«

Mit dieser literarischen Wanderung durch die südlichen Provinzen der ost- und mitteldeutschen Landesküchen von Thüringen über Sachsen-Anhalt-Dessau, durch das Vogtland, Erzgebirge und Sudetenland bis hin nach unserem unvergeßlichen ehemaligen Schlesien, endet unsere kulinarische Reise. Dabei seien auch die heimatlichen Küchenbräuche aus dem Spreewald und der Niederlausitz nicht vergessen, weswegen die Küchenrezepte dieser reizvollen deutschen Landschaften ebenfalls in diesem Buche ihre verewigende Niederschrift fanden.

So möge denn dieses Buch dem Liebhaber ost- und mitteldeutscher Heimatküchen ein Wegweiser sein, nicht nur zur Erprobung, sondern vielleicht auch Wiederentdeckung alter Leibspeisen, die auch heute noch neben dem Neuen ihre Existenzberechtigung beanspruchen dürfen.

Dabei sei auch erwähnt, daß die Landesküche des einstigen preußischen Kernlands Mark Brandenburg mit der ehemaligen Reichshauptstadt Berlin in umfassender entwicklungsgeschichtlicher Darstellung mit vielen echt berlinischen Küchenrezepten in einem gesonderten Bande des W. Hölker Verlags, 44 Münster, erschienen ist, so daß neben dem Kochbuch aus Mecklenburg, Pommern und Ostpreußen erstmals ein repräsentativer zusammengefaßter Überblick zur Entwicklungsgeschichte ostelbischer deutscher Küchen- und Tafelbräuche auf dem ansonsten reich ausgestatteten Kochbuchmarkt für die Öffentlichkeit zur Verfügung steht.

Allen Leserinnen und Lesern, den ausübenden Hausfrauen am heimischen Herd wie auch den Hobby-Köchen wünsche ich bei der Erprobung dieser altdeutschen Küchenrezepte gutes Gelingen und guten Appetit.

Wegen der Verbreitung dieses Buches im Kulturbereich der deutschen Schriftsprache, sei vom Verfasser abschließend noch ein Grußwort an die deutschstämmigen Landsleute in aller Welt gerichtet, von denen wir wissen, daß sie, wie z.B. jene in USA und Kanada, in nicht geringem Umfange an Küchen- und Tafelbräuchen ihrer alten Heimat in alter Treue festhalten; ihnen

ganz besonders möge daher das Heimatkochbuch Kulturmittler und Helfer sein, bei der Wiederentdeckung alter Leibgerichte, die vielleicht schon in Vergessenheit geraten waren.
Mit einem Dankeswort an den Verlag Wolfgang Hölker in 44 Münster, der sich mit seinem jungen Team in seiner Buchreihe »Das Schöne Kochbuch« schon jetzt so viele Verdienste um die Pflege und Erhaltung heimatlichen Brauchtums erworben hat, übergebe ich das Buch der Öffentlichkeit.

Berlin, den 21. März 1976

Fritz Becker

fig. 2

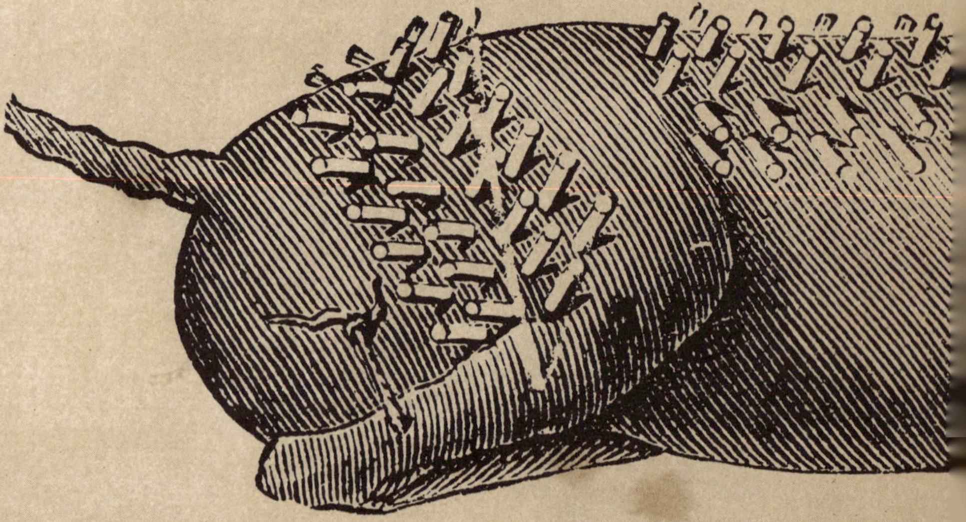

Thüringer Heimatgerichte

Aschkloß

Im Thüringer Volksmund auch Aschkliaß genannt. Es war üblich, daß Mutter die Backpfanne am Vormittag in's Backes brachte (Backes = Backstube). Zum Feierabend, wenn Vater nach Hause kam, wurden die Aschkliaß dann vom Backes abgeholt.

4 Personen   is dös aber fei gud!

800 g rohe Kartoffeln, 280 g gekochte Kartoffeln, 180 g Magerspeck, gewürfelt, 20 g Mehl, 20 g Kartoffelmehl, 2 Semmeln, in Scheiben geschnitten, 2 Eier, 1 Tasse Milch, Salz und Prise Pfeffer

Wie bei den Thüringer Klößen die rohen Kartoffeln reiben und in einem Säckchen aus Etamintuch auspressen. Die gekochten Kartoffeln abgießen und durch die Presse drücken.
Beide Kartoffelmassen mit dem Mehl, den Speckwürfeln und etwas Salz und Pfeffer gut durcharbeiten.
Den Kloßteig in eine ausgefette Backform entsprechender Größe einfüllen, die Semmelscheiben darüber verteilen und abschließend Milch und Eier mit etwas Salz glattschlagen und über die Semmelscheiben gießen.
Die Backpfanne in vorgeheiztem Ofen auf Mittelschiene bei mittlerer Hitze während einer Stunde ausbacken.
Stückchen von Semmelgröße aus dem Aschkloß schneiden und heiß servieren.
Als Beilage eignen sich Braten und die beliebten Thüringer Wurstwaren.

Biddersilchsbrühe

Ein Thüringer Urgericht, das man sowohl von Taubenfleisch wie auch von Rindfleisch herstellte. Tauben waren in Thüringen früher viel gebräuchlich, nachstehend sei das Rezept mit Rindfleisch aufgeführt!

4 Personen

500 g Hochrippe vom Rind, 1 Mohrrübe, 100 g Knollensellerie und 1 Petersilienwurzel, 1 kl. Stange Lauch, 2 Semmeln, 45 g Butter, 2 Eier, 1 Eßl. Mehl, 1 Str. Petersilie, gehackt, Salz, Pfeffer, Strich Muskat

Das Wurzelwerk putzen und waschen.

Das Fleisch in gut einem Liter Salzwasser (kalt) ansetzen, aufkochen lassen, abschäumen und das Wurzelwerk zusetzen. Bei mäßiger Hitze das Fleisch langsam weichkochen lassen, was ca. 1 1/2 Stunden dauert, dann herausnehmen, entknöcheln und in mundgerechte Würfel schneiden.
Die Rinderbouillon durchseihen, mit Salz, Pfeffer und Strich Muskat abschmecken, das Würfelfleisch wieder hineingeben.
Man schneidet nun die Semmel in Würfel, röstet sie in Butter und verteilt sie auf vier vorgewärmte Tassen.
Nebenher hat man die Eier mit dem Mehl zu einer Masse angerührt, die man in die mäßig kochende Brühe langsam unter Rühren einlaufen läßt.
Die Bouillon nun vom Herd zurückziehen, mit der Suppenkelle gut umrühren und von der Suppe mit den Fleischstückchen in die Suppentassen einkellen, damit die Brotwürfel anweichen. Die Suppe obenauf mit Petersilie bestreuen und so zu Tisch bringen, Rest in Suppenterrine auftragen.
Ein richtiges Großmütterchen-Rezept aus dem Thüringer Wald.

Gebratene Klöße

Kalte Thüringer Klöße schneidet man in 2 cm dicke Scheiben und brät diese beidseitig in aufsteigender Butter goldbraun an. Die so gebratenen Kloßscheiben belegt man mit Setzeiern oder mit Rührei, als Beilage reicht man Kopfsalat.
Ein einfaches, in Thüringen sehr beliebtes Gericht; denn die gebratenen Kloßscheiben ergeben einen sonst so leicht nicht erzielbaren köstlichen Geschmack.

Es ist eins der Heimatgerichte mit dem »ehrlichen Geschmack«.

4 Personen

8 St. kalte Thüringer Klöße, 40 g Butter für die Klöße, 30 g Butter für die Eier, Salz und Pfeffer; für den Salat: 1 großen oder 2 kleine Kopfsalate, 1 kl. Zwiebel, gewürfelt, etwas geschnittenen fr. Dill, gehackte Petersilie, etwas geschnittenen Borretsch, Salz, Pfeffer, Zucker, 3 Eßl. Kräuteressig, 1 Eßl. Speiseöl, 5 Eßl. saure Sahne

Großmütterchens Thüringer Riebelebrüh'

4 Personen

1 l gute, kräftige Rinderbrühe, 100 g Mehl, 1–2 Eier, Salz, Strich Muskat, 1 Flocke Butter, 2 Eßl. gehackte krause Petersilie

Mehl, Eier, Butter und das Gewürz in eine Schüssel geben und alle Zutaten mit beiden Händen verkrümeln und reiben, so daß sich im Endeffekt Krümel und streifige Riebele ergeben.
Man setzt die vorher bereitete Rinderbouillon im Topf auf den Herd und bringt sie zum mäßigen Kochen.
Man läßt die Riebele in die kochende Brühe einrieseln und darin langsam während ca. 10 Minuten durchkochen. In Tassen oder tiefen Tellern anrichten und die frisch gehackte Petersilie darüber streuen.
Ein echtes Thüringisches Großmütterchen-Rezept, einfach in seiner Art, aber urwüchsig, das in den ländlich-dörflichen Lebenskreisen der Menschen sehr beliebt war.

Gespickter Hasenrücken

Hase, ein auch in Thüringen reichlich vorkommendes Niederwild, dort auf der Tafel ebenso geschätzt wie das wilde Kaninchen oder das Hauskaninchen.

4 Personen

2 ganze Hasenrücken, 125 g fetten Speck in Spickstreifen, geschnitten, 5 zerdrückte Wacholderbeeren, 2 Zwiebeln, grob zerschnitten, 80 g Butter, 1/8 l süße Sahne, 1/2 Tasse Rotwein, 1/2 Zitronensaft, 1 KL Tomatenmark, 1 KL Speisestärke

Die Hasenrücken mit dünner Messerklinge enthäuten, gut säubern und waschen, dann die Rücken mit den Speckstreifen spikken. Man spickt die Streifen quer zum Rückgrat. Die Rücken mit Salz und handgemühltem Pfeffer einreiben. Ofen auf 200 Grad vorheizen. In einer Ofenpfanne die Butter heiß werden lassen, in die Hasenrückenwirbelsäule, wenn man hat, Metallstangen einschieben, damit sie nicht beim braten durchbiegt. Die so behandelten Rücken mit der Spickseite nach unten in die Pfanne legen, nach 15 Minuten wenden, Zwiebel und Wacholderbeeren zugeben und mit anrösten lassen. Danach das Tomatenmark bei einigem Rühren mit anrösten, die Rücken in dem Bratsatz wenden.
Im weiteren die Rücken mit einem Schuß Sahne übergießen. Hierdurch werden die Rücken glänzend braun und bleiben saftig. Der Bratvorgang benötigt ca. 30 Minuten.
Rücken dann herausnehmen, warm legen. Restliche Sahne in den Bratsatz gießen. Die Stärke in dem Rotwein anrühren und damit die Sauce sämig binden. Abschmecken mit Salz, Handmühlpfeffer, Zitronensaft, Messerspitze Zucker.
Dazu ißt man Waldpilze oder Feldkohl und natürlich –erraten?– Henneberger Waldklöße!

a schöß Sunntigsessen

Gespickte Hirschleber mit Linsengemüse

4 Personen

1000 g Hirschleber, gesäubert, enthäutet, 100 g fetten Speck in Spickstreifen, 100 g Butter, zum Würzen Salz, Pfeffer und Prise Nelkenpfeffer, 500 g Linsen, am Tage zuvor eingeweicht, 100 g ger. Magerspeck in Würfeln, 1 Zwiebel, gewürfelt, 1 große geschälte Kartoffel, gerieben, 700 g geschälte Kartoffeln als Beilage

Die Linsen, mit dem Einweichwasser bedeckt, mit etwas Salz aufsetzen, zudecken und zum Kochen bringen.
Die Speckwürfel auf der Pfanne anbraten, dann die Zwiebelwürfel darin mit angehen lassen und das Geröst zu den Linsen schütten.
Nebenher die Hirschleber mit den Speckstreifen spicken, salzen, pfeffern, im vorgeheizten Ofen von 200 Grad die Leber in heißer Butter anbraten und unter gelegentlichem Wenden begießen. Der Bratvorgang nimmt ca. 45 Minuten in Anspruch. Kenner lassen die Leber innen leicht rosa braten. Die gegarten Linsen kurz halten, damit sie als Gemüsebeilage anrichtbar sind. Man bindet die Linsen mit der geriebenen Kartoffel und schmeckt sie süßsauer mit Salz, Pfeffer, Zucker, Spritzer Essig ab.
Den Bratsatz der Leber mit etwas Brühe und Rotwein ablöschen, aufkochen, würzen, mit wenig angerührter Speisestärke binden.
Man richtet auf Tellern Scheiben der gebratenen Leber an, bedeckt sie mit der Sauce, als Beilage legt man eine Portion des Linsengemüses an und zwei Salzkartoffeln.

Wie in der Louischig!!
Seite 54!

Geschmortes Ochsenhuftstück mit Thüringer Klößen

800 g Ochsenhuftstück, 2 Eßl. Schmalz, 100 g Wurzelwerk; Möhre, Knollensellerie, Lauch und Zwiebel, geputzt und grob geschnitten, 1 KL Tomatenmark, 1 Lorbeerblatt und 3 Gewürzkörner, zerstoßen, 1/2 Tasse Sauerrahm, Salz, Pfeffer, Paprika, 2 Eßl. Mehl, 50 g Speckschwarte, grob gehackt

Das Fleisch mit Salz, Pfeffer und Rosenpaprika einreiben. In einem eisernen Topf das Fett heiß werden lassen und das Fleischstück darin allseitig schön braun anbraten.
Dann das Wurzelwerk und Speckreste zusetzen und bei mittlerer Hitze mit anbraten lassen. Dann das Tomatenmark zugeben, verrühren und mit dem Fleisch und Wurzelwerk anbräunen lassen.
Mit etwas Wasser ablöschen und reduzieren lassen. Wenn dies gechehen ist, bis zur Hälfte des Stücks Wasser aufgießen. Lor-

beerblatt und Gewürzkörner zugeben, zudecken und ca. 1 ½ Stunden weichschmoren lassen.

Das Fleischstück nun herausnehmen, warm legen.
Das Mehl mit dem Sauerrahm anrühren und den durch ein Sieb gegossenen Schmorfond damit andicken, aufkochen lassen und mit Salz, Pfeffer und Prise Zucker würzen.

Das Schmorstück in Scheiben tranchieren, mit der Sauce bedekken und Thüringer Klöße nach beiliegendem Rezept dazu reichen.

Heringskartoffeln

Ein Thüringer Waldgericht, das Müttern und Großmüttern half, die vielen hungrigen Mägen zu sättigen. Krumbeere (Kart.) und Hering waren billig, es waren Volksnahrungsmittel. Die Familien waren kinderreich, 6 und 7 Kinder waren nicht die Ausnahme. Bei den Müttern kursierte damals das Wort: »Lieber sieben auf dem Kissen, als eins auf dem Gewissen!«

4 Personen

750 g kalte, abgekochte Pellkartoffeln, in Scheiben, 450 g Salzheringe, gewässert, 50 g Butter, 2 mittl. Zwiebel halbieren, in Scheiben geschnitten, 3 Eßl. Semmelmehl, 2 Eier, ¾ Tasse saure Sahne, Salz und handgemühlten Pfeffer

Die gewässerten Heringe ausnehmen, entgräten, abziehen und in Filetstücke schneiden.

Die geschnittenen Zwiebeln in Butter goldgelb anschwitzen.
Eine Backform ausbuttern, mit Semmelmehl ausstreuen und lagenweise Kartoffelscheiben, Heringsstückchen und Zwiebeln einfüllen.

Eier mit Sahne, Pfeffer und Salz gut durchschlagen, gleichmäßig über die Backform gießen, mit dem restlichen Semmelmehl bestreuen, einige Butterflöckchen aufsetzen, im mittelheißen Ofen auf Mittelschiene ungefähr 35 Minuten abbacken.

Dazu gab's heimatlichen Tee aus Kräutern und Minze, die man selbst in den Wäldern und Fluren der thüringischen Heimat gepflückt hatte.
Welch glückliche Erinnerung!

Hirnsuppe

4 Personen

1 Kalbshirn, 2 Zwiebeln, 45 g Butter, 40 g Mehl,
6 dl helle Brühe ½ Tasse Weißwein, Salz, Pfeffer,
1 Sträußchen gehackte Petersilie

Das Hirn wässern und enthäuten, sodann 1 Liter Wasser mit 1 Eßl. Salz und Schuß Essig zum Kochen bringen, das Hirn darin während 10 bis 15 Minuten abkochen.
Hirn auf einem Sieb abtropfen lassen.
Die gewürfelten Zwiebeln in heißer Butter goldgelb anschwitzen, mit Mehl bestäuben, umrühren, mit der heißen Brühe aufgießen, glattrühren und einmal aufkochen lassen.
Das gehackte Hirn in die Suppe einstreuen, mit Weißwein, Salz und Handmühlpfeffer abschmecken.
Abschließend gehackte krause Petersilie einstreuen und heiß servieren.
Beilage Thüringer Semmeln.

Kaninchenbraten

Gehörte vielfach zu den Sonntagsessen im Thüringer Wald. Es gab viele Schrebergärtner und Hobbygärtner, die sich gern mit der Kaninchenzucht befaßten.

4 Personen

1000 g Kaninchenfleisch, Keulen und Läufe, und
1 Kaninchenleber, 50 g Butter, ⅛ l saure Sahne,
100 g geputztes Wurzelwerk, grob zerschnitten, 40 g
Mehl, Salz, Pfeffer, Rosenpaprika, edelsüß

Wann gibt's wieder mal Hollfas?

Die Kaninchenteile säubern und waschen, abtrocknen, mit Salz, Pfeffer und Rosenpaprika einreiben, desgleichen die Leber. Im vorgeheizten Ofen von 200 Grad die Butter in der Pfanne heiß werden lassen, die gewürzten Kaninchenteile hineinlegen, allseitig bei öfterem Wenden und Begießen anbraten.

Nun das zerkleinerte Wurzelwerk (Möhre, Knollensellerie, Zwiebel) in die Pfanne geben und bei öfterem Umrühren in der Pfanne mit anrösten lassen, so daß sich Röstaromaten bilden. Mit einem Schuß Wasser ablöschen, wieder verdampfen lassen, umrühren und nun zum endgültigen Weichschmoren mit 1/4 Liter Wasser angießen, bei öfterem Wenden garen lassen. Die Zubereitungsdauer richtet sich nach dem Alter des Tieres.
Machen Sie daher die Daumenprobe bei den Keulen.
Sofern die Teile weich sind, herausnehmen und warm legen.

Das Mehl in der Sahne verquirlen und bei ständigem Rühren unter den Schmorfond ziehen. Abschmecken mit Salz, Pfeffer und etwas Zitronensaft. Noch einige Minuten ausquellen lassen, dann durch ein Sieb gießen.

Man richtet die Kaninchenstücke nach Belieben auf Tellern oder auf der Platte an. Im ersteren Falle die Kaninchenbratenstücke mit der Sauce begießen, im letzteren Falle Sauce extra in Sauciere. Dazu passen Thüringer Klöße und Gemüse von Feldkohl.

Knäzchen

Eine Spezialität aus dem Mansfelder Bergbaugebiet. Bei den dortigen Kumpels sehr beliebt. Eine Thüringer Leibspeis' die, gleichviel ob mittags, abends oder zum Frühstück, immer gern genossen wird. Erinnert an den Berliner Hackepeter.

4 Personen   Schmeckt immer!

300 g Schweinsgehacktes, Mittelscheibe (Schweinsmet), 1 saure Gurke, feingehackt, 1 mittl. Zwiebel, gewürfelt, 1 Teel. Senf, 1 Prise Kümmel, fein gehackt, Salz und handgemühlten Pfeffer, 8 Thüringer Semmeln, 50 g Butter zum Bestreichen der Semmeln

Das Schweinsmet, wie man in Thüringen sagt, mit Zwiebel, Senf, Kümmel, Salz, Pfeffer und der feingehackten Gurke zu einer pikant abgeschmeckten Masse durcharbeiten.
Die Semmeln aufschneiden, mit Butter bestreichen und die Knäzchenmasse auf die Semmelhälften verteilen.
Dazu trinkt man in Thüringen einen Korn und ein Maß Bier im Steinkrug mit Zinndeckel.

Hm.. mit Waldschwammerl!

Pilzsuppe

»In die Schwämmle gehen«, sagt man in Thüringen und meint damit Pilze suchen. In den herrlichen Bergwäldern Thüringens, zwischen Blaubeer- und Preiselbeersträuchern, finden die Kenner die schönsten Pilze, Pfiffer (Pfifferlinge), Steinpilze, Butterpilze, Birkenpilze, auch Ziegenbart.

4 Personen

500 g Waldpilze, am besten alle obigen Sorten gemischt, 50 g Magerspeck, gewürfelt, 1 mittl. Zwiebel, gewürfelt, 40 g Mehl, 6 dl helle Brühe, notfalls Würfel, 300 g Kartoffeln, geschält und klein gewürfelt, 1/2 Tasse süße Sahne, 1 Sträußchen Petersilie, gehackt, 1/2 Eßl. Salz und Prise hangemühlten Pfeffer

Die diversen Pilze gut putzen, waschen und abtropfen lassen. Pilze in grobe, mundgerechte Stücke schneiden.
Den Würfelspeck in der Pfanne goldgelb ausbraten und dann die Zwiebelwürfel darin mit anbraten. Die abgetropften Pilze darin während 4 Minuten mit anschwenken und die Brühe aufgießen.

Sodann die Würfelkartoffel zugeben und alles zugedeckt 15–20 Minuten lang bei mäßiger Hitze garen lassen.
Mehl mit der süßen Sahne anrühren und die Suppe damit unter Umrühren binden. Kurz aufkochen lassen, zurückziehen und mit Salz und Pfeffer würzen.
In Suppenschale oder tiefen Tellern anrichten, obenauf Petersilie einstreuen.

Rinderzunge mit Rosinensauce

4–6 Personen

Wie uff der Wachsenburg!

1 kl. Rinderzunge, falls nicht erhältlich, nehmen Sie 4 Kalbszungen, 1 Stck. Knollensellerie, 1 Mohrrübe, 1 kl. Stange Lauch, 1 Petersilienwurzel, 1 kl. Zwiebel, 2 Pfefferkörner, 2 Gewürzkörner, 1 Lorbeerblatt;
zur Sauce: 3/4 l Zungenbrühe, 50 g Butter, 40 g Mehl, 125 g Rosinen, 2 Eßl. Rotwein, 2 Eßl. Tomatenmark, 1 Eßl. Kräuteressig, 1 Eßl. Zucker, Salz und Pfeffer

Wurzelwerk putzen und waschen. Zungen waschen, wässern und säubern. Zungen in Salzwasser kalt ansetzen, damit die Brühe kräftig wird, nach dem Aufkochen abschäumen und das Wurzelwerk zusetzen. Bei langsamer Hitze die Zunge garen lassen, herausnehmen, in kaltes Wasser legen und abziehen. Die Brühe durchseihen. In einem kleinen Teil davon die Zunge warm legen, den Rest braucht man zur Sauce.
Von Butter und Mehl eine goldgelbe Einbrenne herstellen. Darin das Tomatenmark anrösten, mit 3/4 Liter Brühe auffüllen und glattrühren, langsam ausquellen lassen.
Nebenher hat man die Rosinen gewaschen, abtropfen lassen und in einer Schüssel mit 2 Eßl. Rotwein marinieren lassen.
Diese Rosinen gibt man nun in die Sauce, rührt öfter um und schmeckt sie mit Salz, Pfeffer, Essig und Zucker ab.
Der Geschmack soll pikant sein!
Als Beilage passen junge Schoten, Salzkartoffeln, Thüringische Klöße wie auch Watteklöße.

Rippchenbraten

4 Personen

900 g Schweinskotelettrippchen, 1 KL Kümmel, grob gehackt, 2 Zwiebelb, geschält, grob geschnitten, 1 Eßl. Mehl, Salz, 4 zerstoßene Pfefferkörner, 4 zerstoßene Wacholderbeeren, 2 zerstoßene Gewürzkörner

Blaukraut dazu!

Die Schweinsrippchen salzen und mit den Gewürzen, der Zwiebel und einem Tassenkopf Wasser im vorgeheizten Ofen von 220 Grad unter öfterem Wenden anbraten lassen.
Wenn das Wasser verdampft ist, im richtigen Augenblick neu angießen, so daß sich Röstaromaten ergeben.
Nach ca. 1 Stunde sind die Rippchen braun und gar. Herausnehmen und warm legen.
Den Bratfond durch ein Sieb gießen, mit dem angerührten Mehl andicken und mit Salz und Handmühlpfeffer herzhaft würzen.
Man bringt die Rippchen landesüblich mit den so geliebten Thüringer Klößen und Blaukraut (Rotkohl) zu Tisch.
Zum Würzen des Rotkohls verwendete man auch Preiselbeerkompott. Preiselbeeren wachsen reichlich im Walde neben den Hölberle (Blaubeeren).

a richtigs Kirwes-Essen!

Rotwickel mit Rinderfüllung

Dieses herzhafte, würzige Heimatgericht hat vom Harz her seinen Einzug nach Thüringen genommen. Wegen des Wildreichtums war es in Thüringen auch üblich, statt des Rindfleisches eine Füllung von Wild (Hirsch, Hase oder Reh) herzustellen. Man nimmt dann die Teile vom Hals, Bauchlappen oder Brust.

4 Personen

8 große Rotkrautblätter (in Thüringen Blaukraut genannt), 3 Eßl. Essig, 1 Gewürznelke, 1 Eßl. Salz, Prise Pfeffer und Eßl. Zucker;
zur Füllung: 650 g Rindergehacktes, 200 g Steinpilze oder Pfifferlinge, 1 Ei, 1 eingeweichte, ausgedrückte Semmel, 50 g Butter, 2 Eßl. süße Sahne, Salz, Pfeffer, zum Angießen $^1/_4$ l Fleischbrühe, 1 Eßl. Mehl

Die Rotkrautblätter in 1 Liter Wasser mit dem Essig und den übrigen Gewürzzutaten ca. 5 Minuten abwellen lassen und dann auf einem Sieb abgießen und abtropfen lassen.
Die gesäuberten und geschnittenen Pilze in etwas heißer Butter ca. 5 Minuten anschwenken und durch grobe Wolfscheibe drehen.

Von dem Rindergehäck, dem Ei, der Semmel, Sahne, Salz und Pfeffer eine Masse herstellen, unter die man abschließend das Pilzgehäck unterarbeitet. Die Rotkohlblätter legt man auf sauberem Küchentisch aus und verteilt darauf gleichmäßig die Hackmasse, worauf man die belegten Blätter zu Kohlrouladen rollt.
In einer Ofenpfanne läßt man die restliche Butter heiß werden und legt darin die Rotkrautwickel so eng nebeneinander, daß man sie nicht zu binden braucht.
Im mittelheißen Ofen läßt man die Krautwickel etwas Farbe nehmen und gießt dann die Brühe an. Nach insgesamt 1 Stunde Bratzeit sind die Rotkrautwickel gar.
Die Sauce bindet man mit dem Mehl, das man in etwas Rotwein angerührt hat. Durchkochen lassen, mit Salz, Pfeffer und Prise Zucker herzhaft abschmecken.
Als Beilage eignen sich Salzkartoffeln (Krumbere) oder auch Kartoffelbrei.

Saure Linsen mit Thüringer Rotwurst

4 Personen

250 g Linsen, 1 kl. Stange Porree, geputzt, gesäubert und geschnitten, 1 kl. Petersilienwurzel, geputzt, gesäubert und geschnitten, 50 g Knollensellerie, geputzt, gesäubert und geschnitten, 1 kl. Mohrrübe, geputzt, gesäubert und geschnitten, 1 mittl. Zwiebel, gewürfelt, 75 g Magerspeck, gewürfelt, 1 Petersiliensträußchen, gehackt, Salz, Prise Pfeffer, Prise Zukker, 1–2 Eßl. Kräuteressig, 4–6 Salzkartoffeln, 500 g Thüringer Rotwurst

Tags oder abends zuvor die Linsen waschen und in Einweichwasser wässern lassen. Die Linsen mit Einweichwasser bedeckt, mit etwas Salz und den geschnittenen Wurzelgemüsen bei mäßiger Hitze weichkochen lassen. Den Würfelspeck in einer Stielpfanne goldgelb anbraten und dann die Zwiebelwürfel darin mit anbraten. Dann Speck und Zwiebel unter die Linsen mischen, mit Salz, Pfeffer, Prise Zucker und dem Essig abschmecken. Ne-

benher die Salzkartoffeln abkochen. Die Thüringer Rotwurst in vier gleichmäßige Teile schneiden und in gebutterter Pfanne zugedeckt durchbraten.
Linsengemüse entweder in der Schüssel mit Petersilie bestreuen oder auf dem Teller. Die gebratene Thüringische Rotwurst anlegen und zwei Salzkartoffeln am Rande plazieren.

Hildas Lieblingsessen!

Sauerkrautsuppe

4 Personen

200 g Sauerkraut, 6 dl Brühe (auch vom Würfel), 40 g Butter, 35 g Mehl, 1 Teel. Kümmel, gehackt, 1 Tasse saure Sahne, Salz, Pfeffer, Prise Zucker

Das Sauerkraut, falls notwendig, waschen und abtropfen lassen. Alsdann das Sauerkraut einigemal durchschneiden, damit die Fäden nicht zu lang sind, in die Brühe einstreuen und bei mäßiger Hitze ca. 20–25 Minuten kochen lassen.
Butter in der Stielpfanne zerlassen. Mit Mehl eine helle Einbrenne herstellen und damit die Krautsuppe unter stetem Umrühren binden. Den feingehackten Kümmel einstreuen. Abschließend die saure Sahne unterrühren, mit Salz, Pfeffer aus der Handmühle und Prise Zucker würzen.
In Suppenschalen servieren und geröstetes Weißbrot dazu reichen.

Schöpsenkoteletts, Hammelkoteletts

4 Personen

8 Stck. Hammelkoteletts (vom Fleischer zurechtschneiden lassen), 400 g Zwiebeln, 40 g Schweineschmalz, 1 Eßl. Reismehl, 1/2 Tasse leichte Brühe, Salz und Pfeffer;
zum Braten der Koteletts 40 g Butter

Die geschälten Zwiebel in Würfel schneiden und in eisernem Topf in heißem Schmalz andünsten, jedoch keine Farbe nehmen lassen. Mit Brühe angießen, salzen und pfeffern, zugedeckt ca.

20 Minuten bei kleiner Hitze weichdünsten lassen, dann mit Reismehl andicken und beiseite ziehen, warmhalten.

Die gesalzenen und gepfefferten Hammelkoteletts in der Pfanne in aufsteigender Butter von beiden Seiten schön braun braten. Nebenher die Zwiebelmasse durch ein Sieb streichen oder im Elektromixer homogen machen. Die Hammelkoteletts nun mit der Zwiebelmasse bestreichen und dann anrichten. Als Beilage aß man in Thüringen frisch geerntete grüne Bohnen und Butterkartoffeln.

Man kann die bestrichenen Hammelkoteletts auch unter dem Grill anbräunen lassen. Das Zwiebelmus erhält dann noch ein besseres Aroma.

Schweinebauch Thüringer Art

Dieses Essen ist auch im »Fränkischen« und im süddeutschen Raum sehr beliebt und bekannt.

4 Personen

900 g mageren, frischen Schweinebauch, 125 g Wurzelwerk, Möhre, Zwiebel, Lauch, Sellerie und 1 Tomate, 1 Fl. dunkles Bier, 1–2 Scheiben Schwarzbrot, Salz, Pfeffer und edelsüßen Rosenpaprika, 1 Eßl. Butter zum Anbraten

Den Schweinebauch salzen, pfeffern, mit Paprika einreiben, im eisernen Topf in heißer Butter unter mehrmaligem Wenden allseitig anbraten und Farbe nehmen lassen. Mit Bier ablöschen. Wieder glasieren lassen und dann den Rest des Bieres zugießen und, soweit erforderlich, noch eine Tasse Brühe zugießen. Das zerbröckelte Schwarzbrot in die Sauce geben und den Schweinebauch zugedeckt garschmoren lassen, was gut 1 Stunde währt.

Den gegarten Schweinebauch herausnehmen, zugedeckt warmhalten und die Sauce durch ein Sieb gießen. Sie wird nicht mit Mehl gebunden, da sie die Bindung durch die zerkochten Schwarzbrotbrösel erhält, die ihr zusammen mit dem Bier und den Röstaromaten den spezifischen Geschmack geben. Gewürzt wird die

Sauce mit Salz, Handmühlpfeffer, Prise Zucker und etwas Zitronensaft.
Als Beilage eignen sich am besten Kartoffelklöße und Kohlgemüse.

Süßsaure Schnietle

Eines der wohlschmeckenden Thüringer Gerichte, das im verborgenen blühte und in keinem Kochbuch zu finden ist. Dennoch erfreute es sich in der Thüringer Hausmannskost großer Beliebtheit.

4 Personen

800 g Rindersuppenfleisch ohne Knochen, 100 g Knollensellerie, feingewürfelt, 100 g Mohrrüben, feingewürfelt, 1 Zwiebel, feingewürfelt, 1000 g geschälte Kartoffeln, 2 Eßl. gehackte, krause Petersilie, 1 Lorbeerblatt, 4 zerdrückte Gewürzkörner, Salz, Pfeffer, 1/2 Eßl. Zucker, 1–2 Eßl. Essig

Das Rindfleisch gesäubert und gewaschen in 1 1/2 Liter Wasser mit etwas Salz, dem Lorbeerblatt und den Gewürzkörnern aufsetzen und zum Kochen bringen. Bei kleiner Hitze ca. 1 1/2 Stunden garkochen. Das Fleisch herausnehmen und, in Würfel geschnitten, warm legen. Die Brühe durchgießen und wieder auf den Herd setzen.

Die geschälten Kartoffeln der Länge nach halbieren. Die Hälften längs nochmals halbieren, so daß man Viertel erhält. Von diesen quer ca. 3 mm dicke Scheiben schneiden.

Diese Kartoffelscheiben mit den Gemüsewürfeln in der Brühe garkochen, sodann zurückziehen und mit Salz, Pfeffer, Zucker und Essig süßsauer herzhaft abschmecken, gehackte Petersilie zugeben und umrühren. Abschließend die Fleischwürfel zugeben und nochmals durchhitzen.

Man serviert diesen echt Thüringischen Eintopf in tiefen Tellern, er schmeckt köstlich.

Hm.. wie bei Oma in Oberlind!

Summberger Kerwas Pfannkuchen
(Sonneberger Kirchweihs Pfannkuchen)

Ein schmalzgebackenes Kleingebäck, das zur schönen Sommerszeit, zur Kirchweih und zum Schützenfest in Sonneberg, Köppelsdorf-Oberlind Brauch war. Wenn die Mütter und Großmütter die Schüsseln zu diesem Gebäck und zum Neustadter Tetscheleskuchen herrichteten, dann wußten die Kinder: Nun geht's bald los, bald kommen die ersten Schausteller. Den Hausfrauen Thüringens, Hütern und Pflegern alter Festtagsbräuche, sei hiermit ein Denkmal gesetzt!

4 Personen

500 g Mehl, gesiebt, 1/8 l lauwarme Milch, 45 g zerbröckelte, frische Hefe, 1 Messerspitze Salz, 1 Strich Muskat, 70 g Zucker, 2 ganze Eier, 2 Eigelbe, 75 g Butter;
zum Ausbacken: 1000 g Schmalz

Das gesiebte Mehl ringförmig in einer Schüssel anrichten. Die zerbröckelte Hefe in der lauwarmen Milch auflösen und damit in der Mehlmitte ein Hefestück anrühren. Dieses mit 1 Eßl. Zukker bestreuen. Die übrigen Teigzutaten auf dem Mehlrand verteilen. Zudecken, das Hefestück an warmem Ort auf das Doppelte gehen lassen.

Dann alles zu einem trockenen Hefeteig verkneten, den man zugedeckt nochmals aufgehen läßt.

Inzwischen setzt man einen Topf mit dem Schmalz zum Ausbacken der Pfannkuchen auf und bringt ihn auf ca. 180 Grad. Von dem gegangenen Teig rollt man nun runde Kugeln in Größe etwa der Berliner Pfannkuchen aus. Diese Teigkugeln formt man mit beiden gemehlten Händen zu einem Ring dergestalt, daß in der Mitte dieses Teigrings nunmehr eine dünne Teighaut verbleibt. Wenn man diesen Thüringer Pfannkuchen nun in das heiße Backfett gleiten läßt, wölbt sich die dünne Teighaut zwischen dem Ring sofort zu einer Kuppel, die auch eine helle Farbe behält und mit dem braun gebackenen Teigring ein duftiges Backaroma und vorzüglichen Geschmack erzeugt. Die

Pfannkuchen werden während des Backvorgangs auf beide Seiten gewendet. Das kann mit einer Gabel geschehen. Die Pfannkuchen nach dem Backen in Zucker wälzen und so servieren.
Das Backwerk erinnert in vieler Hinsicht an die in den Vereinigten Staaten von Amerika bekannten Doughnuts, die bevorzugt auch bei Volksfesten verzehrt werden.
Vielleicht haben deutsche Auswanderer das Rezept dort gewollt oder ungewollt in abgewandelter Form eingeführt, wie so vieles andere der deutschen Küche, das dort heute noch gehegt und gepflegt wird.

Schweinskarbonade mit Ealeßbrüh'

Ein echtes Thüringer Großmütterchen-Rezept, das nicht in der Küchenliteratur verzeichnet ist, das aber von den Hausfrauen und in den Heimarbeiterfamilien des Thüringer Waldes in der folgenden Form bereitet wurde.

4 Personen

4 Scheiben Schweinekamm zu 150 g, geklopft und ohne Knochen, 3 Eier, 100 g Semmelmehl (Mutschelmehl), 40 g Mehl zum Wälzen, 1 KL gerebbelter Beifuß, Salz und Pfeffer, 60 g Butter, 1 Zwiebel in Würfeln

Die Scheiben des Schweinekamms salzen, pfeffern und in Mehl wälzen, 1 Ei zerquirlen, die Kammscheiben durch das Ei ziehen, dann in Semmelmehl panieren.
Die panierten Kammstücke brät man in 40 g Butter in der Stielpfanne beidseitig an – nicht durchbraten! – und zieht sie dann beiseite. Nebenher schwitzt man in einem eisernen Topf in 20 g Butter die Zwiebelwürfel an, legt die angebratenen, panierten Kammstücke hinein und gießt mit ca. $^3/_8$ Liter leichter Brühe oder Wasser an. Den Topf zudecken und die Kammstücke darin ca. 45 Minuten weich schmoren lassen.
Nun rebbelt man den Bcifuß zwischen den Fingern und läßt ihn in die Sauce einrieseln. Die Kammstücke mit der Gabel ausstechen und am Herd warm stellen.
Die restlichen 2 Eier zerquirlen und unter die kochende Sauce rühren, so daß das Eiweiß gerinnt, abschmecken.

Diese geschmorten Kammstücke auf Teller anrichten, mit der Eiersauce bedecken und dazu Thüringer Klöße geben, zu denen der Thüringer auch Bauchritscher sagt.
Es ist vielfach landesüblich, daß der Thüringer seine Sauce als Brüh' bezeichnet.

nur Sonnabendessen!

Thüringer Brotsuppe

4 Personen

1/2 l Brühe, 120 g Roggenbrot in grobe Würfel schneiden, 40 g Butter, 1/2 Tasse süße Sahne, 1 Eßl. Mehl, Salz und Prise Handmühlpfeffer, 1 große Zwiebel in Würfeln

Das Würfelbrot in einer trockenen Pfanne bei mäßiger Hitze anrösten und in die kochende Brühe geben.
Die Würfelzwiebel in 20 g Butter goldgelb anschwitzen und in die Brühe geben.
Unter gelegentlichem Umrühren 15 Minuten langsam auskochen lassen. Von der restlichen Butter und dem Mehl eine Einbrenne herstellen und die Suppe unter Umrühren damit binden.
Abschließend mit der süßen Sahne vollenden, mit Salz und Pfeffer würzen, heiß zu Tisch bringen.
Das Gericht war früher besonders in den ärmlichen Waldgegenden der Heimarbeiter aus der Puppen- und Spielwarenindustrie heimisch, wo oft genug Schmalhans Küchenmeister war.

Thüringer Fuhrmannsbraten

4 Personen

1,5 kg hohe Rippe vom Rind, mit einem Rippenknochen, 150 g geputztes, zerkleinertes Suppengrün, 1 Zwiebel, grob zerschnitten, 1 Tomate, 1 Lorbeerblatt, 4 Gewürzkörner, Salz, Pfeffer, Rosenpaprika, edelsüß, 1 Teel. gehackter Kümmel, 1–2 Eßl. Mehl, 50 g Schmalz

Dazu Soßen & Klößen.

Schmalz im eisernen Schmortopf heiß werden lassen. Das Rinderrippenstück salzen, pfeffern, mit Rosenpaprika einreiben, in

das heiße Fett einlegen und beidseitig braun anbraten. Nun das Wurzelwerk mit anrösten lassen, dabei öfters umrühren. Anschließend die Tomate und die Gewürze zugeben. Kräftig mit anrösten lassen und, wenn dies geschehen ist, mit 3/8 Liter Wasser angießen. Rund 1 1/2 bis 2 Stunden das Rippenstück weich schmoren lassen. Das Fleischstück herausnehmen, den Fond mit dem angerührten Mehl eindicken und mit Salz und Pfeffer abschmecken.
Es ist üblich, die Sauce mit saurer Sahne zu verfeinern. Die Sauce durchgießen und in Sauciere extra reichen.
Das Rippenstück wird auf dem Tisch auf Tellerunterlage oder Brett tranchiert.
Dazu ißt man traditionell Porreegemüse und Thüringer Klöße.

Thüringer Kalbshaxe, geschmort

4 Personen

1 Kalbshaxe mit Knochen von 1600 g Gewicht, 150 g geputztes, zerkleinertes Wurzelwerk, 50 g Schmalz, 1 Stck. Speckschwarte, zerhackt, 1 Lorbeerblatt und 4 zerdrückte Gewürzkörner, 5 zerdrückte Pfefferkörner, 1/2 Tasse Weißwein, 1 KL Tomatenmark oder 1 frische Tomate, Salz, Pfeffer und edelsüßen Rosenpaprika

Die gesäuberte Kalbshaxe mit Salz, Pfeffer und Rosenpaprika einreiben. Im vorgeheizten Ofen (220 Grad) das Schmalz in der Pfanne rauchend heiß werden lassen, die gewürzte Haxe einlegen und im Ofen bei öfterem Wenden allseitig anbraten. Nun das Wurzelwerk, die Speckschwarte und die Gewürze zugeben. Bei öfterem Umrühren mit anrösten lassen, danach das Tomatenmark im Bodensatz mit anrösten lassen und abschließend mit dem Weißwein ablöschen, so daß sich nun ein leimiger brauner Bodensatz bildet. Diesen gießt man mit 3/8 Liter Wasser oder heller Brühe an und läßt die Haxe bei öfterem Wenden in dem Schmorfond garen. Dies dauert mindestens 2 bis 2 1/2 Stunden, weil die Haxe richtig weich sein muß und leimig, was erst der Fall ist, wenn die Sehnen und Muskelpartien durchweg weich

sind. Die Sauce dickt man mit dem angerührten Mehl ein und schmeckt sie mit Salz und Pfeffer ab, dann durchgießen.
Von dem Haxenfleisch schneidet man im Schrägschnitt gefällige Tranchen, übergießt sie mit der Kalbsbratensauce und reicht dazu 1. Thüringer Klöße und 2. Gartengemüse, Karotten, Schoten, grüne Bohnen und Spargelstücke, je nach Jahreszeit.

Thüringer Klöße

Eine echt thüringische Leibspeis' unter den Einheimischen, auch Bauchrutscher genannt.
Jeden Sonntag und an Feiertagen war es üblich, daß Mutter oder Oma ihre Klüaß auf den Tisch brachten. Auch der Donnerstag war als Klößtag bei diesem liebenswerten deutschen Menschenschlag bekannt. Zum Braten sind die Thüringer Klöße unerläßlich. Ein altes Thüringer Sprichwort besagt:

5 Klüaß und 'ne Gans, 5 Kilo an Gewicht,
ist des Thüringers Leibgericht!

Kann man jeden Tag essen!

Und hier ist das alte, von Oma überlieferte Gericht:

4 Personen

1200 g rohe geschälte große Kartoffeln, 1 KL Salz und 1 Strich Muskat, 1 Tasse kochende Milch; zur Füllung: 120 g Weißbrotwürfel und 50 g Butter

Zwei Drittel der rohen Kartoffeln reiben, das restliche Drittel wird in Salzwasser gekocht.

Die geriebenen Kartoffeln in einem Etamintuch gut auspressen und in eine große Rührschüssel geben.

Die abgekochten Kartoffeln abgießen, durchpressen, mit der kochenden Milch übergießen und alles über die rohen Kartoffeln schütten. Mit Salz würzen und alles mit einem Holzrührlöffel gut durcharbeiten.

Die Weißbrotwürfel in der Butter goldgelb rösten.
Kloßmasse nehmen, mit Röstbrotwürfeln füllen, rund abdrehen und in mäßig kochendem Salzwasser zugedeckt gut 15 Minuten garziehen lassen.

Diese einmalig herrlichen Klöße passen sehr gut als Beilage zu Hasenbraten, Gänsebraten, Hammelbraten (Schöpsen) wie auch zu Schweinsbraten.

Thüringer Rostbratwürste

Die Rostbratwürscht, wie der Thüringer sagt, sind wohl das schönste, was die Thüringer Heimatküche überhaupt hervorgebracht hat. Sie sind die Attraktion auf jeder Kerwa. Dienstags und freitags werden sie in den Straßen und auf den Plätzen vom Holzkohlerost herunter an die Passanten verkauft. Die Würste liegen in einer aufgeschnittenen Semmel. Schon von weitem steigt der Duft in des Wanderers Nase und signalisiert den köstlichen Genuß.
Die Füllung der Wurst ist weitgehendes Geheimnis der Metzger. Man kann dazu sagen: Sie besteht aus einem Teil Schweins- und Kalbsgehäck, vermischt mit Salz, Pfeffer, Majoran, Kümmel, Eiweiß, Zitronensaft und Zitronenschale, eingefüllt in dünnen Schweinsdarm. Auf dem Holzkohlerost ergeben sich von den aufsteigenden Dämpfen des abtropfenden Saftes und Fetts die spezifischen, unnachahmlichen Röstaromaten, die kein Tourist vergessen wird, der je Thüringen, das Grüne Herz Deutschlands, besucht hat.

4 Personen

8–12 Thüringer Rostbratwürste (je nach Appetit),
500–600 g fertig gekochtes Sauerkraut

Dazu gibt man als Beilage Thüringer Semmeln.
Wenn Sie das Kraut nach Großmütterchenart kochen wollen, dann binden Sie es zum Abschluß des Kochens mit 1 geriebenen, geschälten rohen Kartoffel. Rühren Sie einen guten Schuß saure Sahne unter.

Rostbradwürschtla!

Thüringer Rostbratwürste

Das Rezept für 4 Personen aufzuführen, ist selbstverständlich nicht lohnend. Das Rezept sei aber für diejenigen im Original aufgeführt, die noch die Gelegenheit haben, selbst zu wursten.
Rezept:

1 1/2 kg Rindfleisch, 1 1/2 kg Kalbfleisch, 3 kg Schweinefleisch (Bauch ohne Schwarte), 2 1/2 kg Schweinefleischabschnitte, durchwachsen, 1 1/2 l Vollmilch, im Tiefkühler eingefroren;
zum Würzen: 170 g Kochsalz, 12 g Kümmel, gemahlen, 10 g Majoran, fein gerebbelt, 8 g Abrieb von Zitronenschale (ungespritzte), 10 g gem. Pfeffer, halb schwarz, halb weiß, 5 g Muskat, gerieben, 5 g Kardamon

Kalbfleisch und Rindfleisch durch grobe Scheibe wolfen. Alles Fleisch vom Schwein durch eine 3 mm-Scheibe wolfen. Kalbfleisch und Rindfleisch im Kutter mit der gefrorenen Milch fein kuttern. Vorsicht, nicht überkuttern!
Im letzten Augenblick 1/4 des Schweinsgehäcks im Kutter mit dem Rind- und Kalbfleisch mitkuttern lassen.
Kuttermasse dann in ein Molle ausfüllen und das restliche 3/4 Schweinsgehäck zusammen mit den Gewürzen unterarbeiten. Es empfiehlt sich, noch 2–3 Schnapsgläschen Weinbrand unter die Bratwurstmasse zu arbeiten.
Man füllt die Masse in die gesäuberten, bereitliegenden Schweinsdärme und erhält so die beliebte thüringische Spezialität, die auf dem Holzkohlerost zu braten ist.

Kümmert [illegible] & [illegible]!

Thüringer Rostbrätel

Eines der vielen urigen Heimatgerichte, einfach, schlicht, herzhaft würzig.

4 Personen

4 Stck. Schweineschnitzel, am besten aus der Oberschale von je 150 g Rohgewicht, 1 Tasse Weißbier, 1/2 Tasse helles Bier, 60 g Butter, Salz und handgemühlten schwarzen und weißen Pfeffer, 4 Scheiben vom Thüringer Brotlaib aus dem Steinofen

Die plattierten Schnitzel ca. eine Stunde vor dem Braten in einer Schüssel mit einer halben Tasse Weißbier und einer halben Tasse Hellbier marinieren lassen.
Dann herausnehmen, abtropfen, salzen und mit reichlich Handmühlpfeffer bestreuen.
In der Pfanne in heißer aufsteigender Butter schön braun und knusprig von beiden Seiten anbraten.
Während des Bratvorgangs öfters mit dem restlichen Bier beträufeln.
Auf Teller anrichten, eine Scheibe herzhaftes Steinofenbrot und scharfen Senf dazu reichen.

Zum Schlachtfest!

Thüringer Topfbraten

Im Lande der Thuringe, in der Heimat eines der ältesten deutschen Volksstämme, war es üblich, den köstlich duftenden Topfbraten zu bereiten, der im wörtlichen Sinne gar kein Braten ist. Besonders zu den Schlachtfesten war der Topfbraten Landesbrauch, woran sich wohl noch mancher ältere Bürger wehmütig erinnern wird.

4 Personen

1000 g Schweinsschnauze, Schweinsherz, Schweinsniere und mageren Schweinebauch, gemischt, 1 mittl. Zwiebel, 1 Lorbeerblatt und 2 Gewürzkörner, 80 g braunen Lebkuchen, auch Fischkuchen genannt, 2 Eßl. Mehl, 2 Eßl. Kräuteressig, 3 Eßl. Pflaumenmus, Salz, Prise Zucker und Pfeffer

Fleisch säubern und waschen, aus den Nieren den Harnstrang entfernen. In kochendem Salzwasser ansetzen und abschäumen, dann die Gewürze und die abgezogene Zwiebel zusetzen und zugedeckt, auf langsamer Hitze gar kochen, was ca. 1 $^1/_2$ Stunde dauert.
Sodann Fleisch aus dem Topf nehmen und in mundgerechte Würfel schneiden. Die Brühe durch ein feines Sieb gießen und wieder aufsetzen. Den geriebenen Lebkuchen in die Brühe streuen, aufkochen lassen, mit dem angerührten Mehl binden,

mit dem Schneebesen Pflaumenmus unterrühren, mit Salz, Pfeffer, Zucker und Essig abschmecken. Nun das Würfelfleisch zugeben und das Ganze einmal kurz aufkochen lassen. In vorgewärmter Schüssel anrichten, dazu reicht man Watteklöße.

Thüringer Zwiebelkuchen

Das Gericht stellt eine Art Thüringischer Pizza dar. Kulturgeschichtliche Frage: Was war eher da: Pizza oder Thüringer Zwiebelkuchen?

4 Personen

500 g gesiebtes Mehl, 70 g Butter, 45 g frische Hefe, 1 Teel. Salz, 1 Teel. Zucker, 1/4 l lauwarme Milch, 500 g geschälte Zwiebel, in Scheiben geschnitten, 100 g fetten Speck, gewürfelt, 100 g mageren Speck, gewürfelt, 4 Eier, 3/4 Tasse Sauerrahm, Prise Salz

Hefe und Zucker in der lauwarmen Milch auflösen und in einer Mehlvertiefung das Hefestück ansetzen, zudecken, gehen lassen, die Butter in Flöckchen am Mehlrand plazieren, ebenso das Salz. Wenn sich das Hefestück auf das Doppelte ausgedehnt hat, alles zu einem Teig verarbeiten, den man nochmals zugedeckt gehen läßt.
Nebenher den Speck in einer entsprechend großen Pfanne oder Kasserolle glasig angehen lassen und dann die Zwiebelringe darin glasig werden lassen. Die Eier mit der Sahne und dem Salz anrühren und bereithalten.
Den aufgegangenen Teig wieder zusammenschlagen und 2 cm dick ausrollen, ein Backblech damit auslegen, die Speck-Zwiebelmasse darauf gleichmäßig verteilen.
An der offenen Blechseite eine Schiene von Alufolie anbringen und den Kuchen mit der Eier-Sahnemasse begießen, 1/2 Stunde an warmem Ort gehen lassen.
Auf Mittelschiene bei ca. 180–200 Grad ungefähr 30–40 Minuten abbacken.

Watteklöße

Wie bei Oma

800 g kalte, abgepellte Kartoffeln, 100 g Kartoffelmehl, ca. 1/4 l Milch, 100 g Weißbrot, 40 g Butter, Prise Salz, etwas Mehl zum Wälzen

Kalte Kartoffeln durchdrehen, mit Kartoffelmehl und Salz bestreuen, die kochende Milch darüber gießen und alles schnell zu einem Teig verarbeiten. Weißbrot würfeln und in der heißen Butter goldgelb rösten. Aus der Masse Klöße formen. Vor dem Abdrehen geröstete Weißbrotwürfel einlegen, die Klöße dann rund formen, in Mehl wälzen und in kochendem Salzwasser langsam gar kochen.
Wenn die Klöße aufsteigen, sind sie gut.

Leibgerichte aus

Sachsen und Anhalt

Sächsische Bemmchen, Stullen, Knäzchen und Co.

Was dem Hamburger sein Rundstück, dem Berliner seine Stulle, von der er sich nicht die Butter nehmen läßt, ja was dem Mansfelder sein Knäzchen, das ist für den richtigen Sachsen sein Bemmchen. Wegen der vielen nach Berlin Zugewanderten hörte man früher auch hier das Wort Bemme oder Bemmchen. Nun ist es verstummt.

Unter Bemmchen versteht der Sachse zwei dünne, mit Butter oder besser mit Gänseschmalz bestrichene Brotscheiben, die dann mit Braten, Käse oder ähnlichem belegt und zusammengeklappt werden. So wurde die urwüchsige Bemme früher auch in billigen Restaurants und Stehbierhallen als schneller Magentrost für den eiligen Zeitgenossen angeboten.

Des alten Brauches wegen seien hier einige Bemmchenarten aufgezählt:

Vom sächsischen Bömmchen.

Sächsisches Bemmchen:

Butterbrot, mit Kalbsbraten und Sardellstreifen belegt.

Frühlings-Bemmchen:

Butterbrot, belegt mit hartgekochten Eischeiben, Radieschenscheiben und gehacktem Schnittlauch.

Appetits-Bemmchen:

Butterbrot, mit Kalbsbraten und Kochschinken belegt, garniert mit Salzgurke, Sardellenstreifchen, Eischeiben und Radieschen.

Thüringer Bemmchen:

Brot, mit Gänseschmalz und Thüringer Stangenkäse belegt.

Jäger-Bemmchen:

Butterbrot, mit Hasenpastete belegt.

Kaiser-Bemmchen:

Butterbrot, belegt mit Gänseleberpastete, Kaviar und Räucherlachs.

Bismarck-Bemmchen:

Butterbrot mit Kaviar und feinen Zwiebelwürfelchen.

Rosa-Bemmchen:

Butterbrot, mit Schabefleisch belegt, garniert mit Zwiebelwürfeln, Sardellengitter und Kapern.

Geschmortes Ochsenhuftstück »Meißener Art«

4 Personen

1 kg Ochsenhuftstück ohne Knochen, 2 fr. Tomaten, 1 Eßl. Tomatenmark, 100 g fetten Spickspeck in Streifen, 150 g Cornichons, Mohrrüben und Sellerieknolle, 100 g Wurzelwerk zum Anbraten (Möhre, Lauch, Zwiebel, Sellerie, Porree), 1–2Kalbsfüße, längs aufgespalten, 75 g Butter, 100 g Schwarzbrotrinden, 200 g frische Champignons in Scheiben zur Sauceneinlage;
zur Beize: 1 Tasse Kräuteressig und 3 Tassen Elbwein, Schieler genannt. Wo kein Elbwein vorhanden ist, nimmt man ersatzweise 1 Tasse Medoc und 2 Tassen Rheinwein. In die Beize legt man 2 Lorbeerblätter, 5 Gewürzkörner und 4 Wacholderbeeren mit ein

Den Kräuteressig mit dem Wein und Gewürzen in gut verschlossenem Topf aufkochen und erkalten lassen.

Das küchenfertige Ochsenhuftstück wird in der bekannten Weise mit Speck gespickt, die Cornichons, Möhren und Sellerieknolle schneidet man in Stifte, mit denen man ebenfalls das Fleisch spickt. Das so vorbehandelte Fleisch wird 8 Tage in der Beize belassen, dann herausgenommen, gut abgetrocknet, gesalzen, papriziert und mit Handmühlpfeffer eingerieben. In vorgeheiztem Ofen von 240 Grad läßt man in der Ofenpfanne die Butter heiß werden und brät das Stück darin allseitig an. Wenn dies geschehen ist, gibt man das Wurzelwerk und evtl. Speckreste hinzu, die mit angeröstet werden. Anschließend gibt man die halbierten frischen Tomaten und die Kalbsfüße hinzu und gießt von der Einlegebeize hinzu. Unter öfterem Wenden läßt man das Schmorstück weich schmoren. Zur Halbzeit etwa gibt man die Brotrinden und das Tomatenmark in den Schmorfond. Beide sollen darin verkochen. Die Beize wird nach und nach gänzlich nachgegossen.

Das Schmorstück benötigt zur Garung ca. 2 1/2 Stunden, dann wird es mit der Gabel herausgenommen und mit den Kalbsfüßen auf einem zugedeckten Blech warmgehalten.

Nebenher dünstet man die Champignonscheiben in der Stielpfanne in klarer Butter in einigen Minuten weich.
Die verkochte Schmorsauce wird nun durch ein Sieb gegossen. Sie soll eine rötlich-braune Farbe haben und einen lieblich säuerlichen Geschmack. Sie wird nicht mit Mehl gebunden, sondern nur durch das Tomatenmark und die verkochten Schwarzbrotrinden.
Von dem Schmorstück schneidet man gefällige Scheiben. Die Kalbsfüße werden ausgebeint, ohne sie zu zerreißen. Von dem Kalbsbeinfleisch legt man Stücke auf die Bratenscheiben und maskiert sie mit der pikanten Sauce.
Als Beilage aß man in Meißen dazu Hefeklöße, die gleich nach dem Ausheben aus dem Kochwasser aufzureißen und anzurichten sind, da sie dazu dienen sollen, die Sauce aufzusaugen.
Es handelt sich hier um eines der typischen alten Heimatgerichte, die es nicht verdient haben, der Vergessenheit anheimzufallen.

Grieß einkaufen & Milch!

Grießklöße

4 Personen

300 g Weizengrieß, 3/4 l Milch, 75 g Margarine, 50 g Butter, 150 g Zwiebeln, gewürfelt, 1 KL Salz, Strich Muskat, 1 Ei

Milch mit Margarine in eisernem Topf zum Kochen bringen, Salz und Muskat zusetzen, den Grieß mit dem Schneebesen unter ständigem Rühren einrieseln lassen. Mit dem Holzlöffel umrühren, bis sich die Masse vom Boden löst.
Zurückziehen und das zerquirlte Ei unterrühren.
Im Topf Wasser mit Salz zum Kochen bringen, mit dem Eßlöffel von der Masse längliche Klöße abstechen und 10 Minuten langsam garen lassen.
Die Zwiebelwürfel nebenher in der Butterpfanne goldgelb anbraten lassen und die abgetropften Grießklöße darin wenden. Dann in einer Schüssel anrichten und als Beilage zu Tisch bringen.

Leber, sächsische Art Dazu Klößen

4 Personen

600 g Kalbsleber, hilfsweise Rinderleber, 100 g Magerspeck, fein gewürfelt, 2–3 Eier, 110 g Semmelmehl, 3 Eßl. Korinthen, 45 g Butter, Salz, Handmühlpfeffer und Prise gem. Nelke, 1 Kalbsnetz oder 1 Bratfolie;
zur Lebersauce: 50 g Butter, 40 g Mehl, 1 Zwiebel, feingewürfelt, 1 Tasse Rotwein, 2 Tassen Brühe, Salz, Zucker, Zitronensaft, Pfeffer

Die Leber fein hacken oder durch feine Wolfscheibe drehen, Speckwürfel, Semmelmehl, Gewürze, Korinthen und die Eigelbe untermischen. Abschließend die Eiweiße steif ausschlagen und unter die Masse mischen. Die Leber nun in das Kalbsnetz oder in die Bratfolie einschlagen, in heiße Butterpfanne einlegen und darin bei vorsichtigem Wenden nach dem ersten Anbraten gut 20 Minuten durchbraten lassen.
Nebenher die Sauce fertigen:
In Topf oder Kasserolle die Butter aufsteigen lassen und darin die Zwiebelwürfel angehen lassen. Das Mehl zusetzen und davon eine Einbrenne herstellen, mit der vorgewärmten Brühe auffüllen und mit Schneebesen glattrühren.
Dann den Rotwein zugießen, mit Salz, Pfeffer und Zitronensaft abschmecken und weitere 5–10 Minuten ausquellen lassen. Wer heutzutage wenig Zeit hat, kann ein Saucenpulver verwenden.
Die Leber aus dem Netz nehmen, in Tranchen schneiden, mit der heißen Sauce bedecken. Dazu eignen sich als Beilage Kartoffelklöße, Kartoffelmus und Gemüse oder Salate.

Leipziger Allerlei mit gebratener Mettwurst

Das Leipziger Allerlei hat seinen Ursprung in den Leipziger Magisterschmäusen und kam in der Berliner Kochkunst zur höchsten Vollendung – mit gefüllten Krebsnasen, Krebsbutter, Krebsschwänzen usw. Hier handelt es sich um die einfache Variante des Leipziger Allerleis, das immerhin auch weit über Sachsens Grenzen hinaus bekannt und beliebt ist.

4 Personen

500 g Kochmettwurst, 250 g junge grüne Bohnen, 250 g feine junge Erbsen, 250 g junge Karotten, 250 g Stangenspargel, 1 klein. Blumenkohl, 50 g Butter, 40 g Mehl, 4 Eßl. süße Sahne und 1 Eigelb, Salz, Prise Pfeffer, Strich Muskat, 1/2 Eßl. Zucker

Das geputzte, gewaschene Gemüse jeweils gesondert in kleinen Kasserollen oder Töpfen in wenig Wasser mit Salz, Prise Pfeffer, Zucker und Muskat gar ziehen lassen, den Blumenkohl ganz kochen.
Dann die Butter im Topf zerlassen, Mehl zuschütten und von den diversen Gemüsewassern gemischt soviel aufgießen, daß sich eine sämige Sauce ergibt. Dabei mit dem Schneebesen glatt rühren. Eigelb in der Sahne zerquirlen und die Sauce damit legieren, zurückziehen.
Nebenher die Mettwurst abziehen und in fingerdicke Scheiben schneiden, die man in der Butterpfanne beidseitig anbräunt.
Anrichten: Auf ovaler Platte, Blumenkohl in der Mitte, ringsherum abwechselnd die übrigen Gemüsesorten. Mit der heißen Sauce bedecken, mit Petersilie bestreuen und die gebratenen Mettwurstscheiben gefällig darauf anrichten.
Als weitere Beilage eignen sich Schwenkkartoffeln oder Kartoffelmus.

Das rutscht wunder in Middorf

Rindfleisch in Rosinensauce

4 Personen

800 g Rindfleisch, Suppenfleisch von der hohen Rippe oder von der Rinderbrust, 1 Mohrrübe, 1 Stck. Knollensellerie, 1/2 Stange Lauch, 125 g Rosinen, 70 g gehobelte süße Mandeln, 75 g Pfefferkuchen, gerieben, 1/2 Zitronensaft, Salz, Pfeffer, Zucker

Das Rindfleisch in 1 Liter heißem Wasser unter Zugabe von Salz ansetzen, aufkochen lassen, abschäumen und dann das geputzte und gesäuberte Suppengrün mitkochen lassen, bis das Fleisch gar ist, was ca. 1 1/2 Stunden währt.

Gern mal versuchen!

Das Fleisch dann herausnehmen, in Scheiben schneiden und in etwas Brühe warm legen.
Die Rinderbrühe durch ein Sieb gießen und davon ½ Liter im Topf wieder aufsetzen, die Rosinen zugeben und den geriebenen Pfefferkuchen einrieseln lassen, umrühren, mit Salz, Pfeffer, Zucker und Zitronensaft herzhaft abschmecken, abschließend die gehobelten Mandeln unterrühren.
Die Fleischtranchen anrichten, mit der Rosinensauce bedecken und Kartoffelklöße beliebiger Art dazu als Beilage reichen.

Serviettenkloß I

Es gibt zwei verschiedene Arten von Serviettenkloß im thüringisch-sächsischen Heimatgebiet, 1. unter Verwendung von Weizengries, 2. unter Verwendung von altbackenen Semmeln.
Nachstehend die Zubereitungsart I mit Gries.

4 Personen

Ein Erlebnis!!

300 g Weizengries, ¾ l Milch, 2 Eier, 4 altbackene Semmeln in Würfeln, 50 g Butter, 1 k.L. Salz, Strich Muskat

Milch zum Kochen bringen, Gries einrieseln lassen. Dabei mit dem Schneebesen ständig rühren, dann mit dem Holzlöffel rühren, bis sich die Masse vom Boden löst.
Zurückziehen, Salz und Muskat unterrühren.
Die Semmelwürfel in Butterpfanne goldgelb anrösten und unter die Griesmasse rühren.
Eine mit Butter gefettete Serviette auf dem Küchentisch ausbreiten, die Masse zu einem großen runden Kloß formen und in der Serviette einbinden.
Einen Topf entsprechender Größe mit Salzwasser zum Kochen bringen und den Serviettenkloß darin bei langsamer Hitze 30 Minuten ziehen lassen.
Herausnehmen, abtropfen lassen, das Tuch aufbinden, den Kloß auf einer Platte plazieren, mit zerlassener Butter übergießen und mit gehackter Petersilie bestreuen.

Man ißt den Kloß in Scheiben geschnitten, zu Braten von Schlachtfleisch, Wild, Flugwild, Geflügel etc. Auch passen zu einfachen Mahlzeiten dazu vorzüglich Backobst oder Dunstfrüchte.

Serviettenkloß II

Das kochen wir wieder.

4 Personen

8 altbackene Semmeln, 50 g Butter, 1 mittl. Zwiebel, gewürfelt, 2 Eier, 1 Tasse Milch, Salz, Strich Muskat

Die Semmeln in Würfel schneiden, Salz und Strich Muskat darüberstreuen, mit der kochenden Milch übergießen und zugedeckt stehen lassen, bis die Semmeln geweicht sind.
Dann die zerquirlten Eier und die in Butter angeschwitzten Zwiebelwürfel unter die Masse durcharbeiten.
Eine gefettete Serviette auf dem Küchentisch ausbreiten.
Die Semmelmasse zu einem großen runden Kloß formen und in der Serviette einbinden.
Den Serviettenkloß in Salzwasser bei mäßiger Hitze ca. 30 Minuten langsam garen lassen.
Herausnehmen, abtropfen lassen, aufbinden. Kloß auf Platte anrichten, mit zerlassener oder brauner Butter übergießen, mit gehackter Petersilie bestreuen.
Wird in Scheiben geschnitten. Eignet sich als Beilage zu Braten aller Art, Wild, Flugwild, Schlachtfleisch, Geflügel etc.

Sächsische Fliederbeerensuppe

4 Personen *Da freut sich's Schwiegerherz!*

400 g Fliederbeeren, verlesen (Holunderbeeren), 8 Stck. Pflaumen, frisch oder aus der Dose, 2 Stck. Kochbirnen, geschält, ohne Gehäuse, geschnitten, 6 dl Wasser, 4–5 Eßl. Zucker, Stck. Zitronenschale, 1 Tasse Milch, Prise Salz, 25 g Mondamin, 3 Eiweiße, steif ausgeschlagen

Die gewaschenen Fliederbeeren mit den Birnenstücken und den Pflaumen in Wasser mit Zucker, Prise Salz und Zitronenschale völlig weich kochen und durch ein Sieb streichen.
Wieder auf den Herd setzen, die Milch mit dem Mondamin verrühren und die Suppe damit andicken. Langsam weiterkochen lassen. Geschmack prüfen.
Das steif ausgeschlagene Eiweiß mit dem Eßlöffel auf die Suppenoberfläche setzen, zugedeckt ca. 5 Minuten garen lassen und dann in Tellern oder Suppenschalen heiß servieren.

Dat jibts nich allen Tagen!

Sächsische Karpfenmahlzeit mit Klößen

Klöße sind in süddeutschen Regionen allerorts beliebt. Die »küchenkulturellen« Übergänge von Bayern über das Erzgebirge, Vogtland, Thüringen, Sachsen bis in das Land Rübezahls (Schlesien) sind fließend.
Ob zu Braten oder Fisch; bei allem sind die Thüringer Klöße stets willkommen.

4 Personen

4 Stücke Karpfen zu je 250 g, geputzt und gesäubert, 80 g Butter, 1 große Zwiebel, gewürfelt, 100 g Knollensellerie, geputzt, feingewürfelt, 40 g Mehl, 50 g Fischkuchen, gerieben, 0,4 l Bier, Salz, Pfeffer, Prise Zucker, Zitronensaft

Die Karpfenstücke salzen und pfeffern, in 40 g heißer Butter unter Wenden beidseitig anbraten. In die Pfanne dann die feingewürfelte Sellerie und Zwiebel übernehmen und mit anrösten, danach mit dem Bier angießen, den Karpfen zugedeckt weich schmoren.
Wenn dies geschehen ist, den Karpfensud abgießen, den geriebenen Fischkuchen einrieseln lassen, umrühren.
Von der restlichen Butter und dem Mehl eine helle Einbrenne herstellen und damit den Karpfensud andicken.
Mit Salz, Pfeffer, Zucker und Zitronensaft würzen.
Karpfenstücke anrichten, mit der Biersauce bedecken, dazu die landesüblich beliebten Thüringer Klöße servieren.

Schusterpfanne, Köthener Art

4 Personen

700 g Schweinefleisch, Nacken oder Schinken, 750g geschälte Kartoffeln in 3 cm dicken Scheiben, 50 g Butter, 500 g kleine kochfeste Birnen, Salz, Pfeffer, Prise Zucker, 1 KL Kümmel, gehackt

Flachen Topf aufsetzen, zu dem ein Deckel vorhanden ist. Butter heiß werden lassen. Fleisch mit Salz und Pfeffer einreiben. In der Butter allseitig unter öfterem Wenden bei mittlerer Hitze anbraten lassen, zudecken und, soweit erforderlich, wenig Wasser angießen.

Nachdem das Bratenstück eine Stunde schmort, den Kümmel darüberstreuen. Die dicken Kartoffelscheiben und die Birnen in den Topf geben (Stiele und Blüten entfernen), zugedeckt anrösten lassen bei vorsichtigem Umrühren, und ca. 3 Tassen Wasser oder leichte helle Brühe zugießen und weitere 30 Minuten weich schmoren lassen.

Man serviert in Köthen das Kartoffel-Birnengemüse auf einer sauberen Pfanne und legt die Fleischscheiben obenauf.

Sächsischer Speckkuchen

4 Personen

400 g gesiebtes Mehl, 125 g Butter, geschmolzen, 0,2 l lauwarme Milch, 30 g frische Hefe, 30 g Zukker, 2 Eigelbe, 125 g mageren Rauchspeck, gewürfelt, 1 Teel. Salz, 1 Teel Kümmel, gehackt

Die Hefe in der lauwarmen Milch zusammen mit einer Prise Zucker auflösen.

Mehl in eine Schüssel geben. In der Mitte eine Vertiefung anrichten. Von der Milchhefe und der zerlassenen Butter in dieser Vertiefung ein Hefestück anrühren, in das man auch von dem Mehl unterrührt.

Das Hefestück zugedeckt auf das Doppelte gehen lassen. Dann die Eigelbe, 30 g Zucker und 1 Teel. Salz untergeben und alles

zu einem Teig verkneten, den man nochmals zugedeckt eine halbe Stunde gehen läßt. Nun auf gemehlter Platte ausrollen und auf ein gefettetes Backblech legen.
Mit dem gewürfelten Magerspeck und dem gehackten Kümmel bestreuen, zum Schluß noch einen Teel. Zucker darüber streuen.
In vorgeheiztem Ofen auf Mittelschiene bei 200–220 Grad abbacken, Dauer ca. 3/4 Stunde.

Sächsische Speckklöße

oft gemacht davon!

4 Personen

Dat äß ich jerne

800 g abgekochte, kalte Pellkartoffeln, 75 g Magerspeck, gewürfelt, 1/2 Tasse Panierbrot, 1 mittl. Zwiebel, gewürfelt, 40 g Butter, 1 altbackene Semmel und 1 Eßl. Butter, 2 Eier, Salz, Strich Muskat, etwas Kartoffelmehl zum Wälzen der Klöße

Die kalten, abgepellten Kartoffeln reiben oder durch mittlere Wolfscheibe drehen.
Den Würfelspeck in der Pfanne auslassen, dann die Zwiebelwürfel darin mit anbraten.
Die Semmelwürfel in der Butter goldgelb anbraten.
Dann alle Zutaten: Kartoffel, zerquirlte Eier, Semmelmehl, Speck/Zwiebelwürfel, Semmelwürfel, Salz und Muskat zu einer trockenen Kloßmasse kneten.
Runde Portionsklöße davon ausrollen, in Kartoffelmehl wälzen, in Salzwasser 15 Minuten langsam gar kochen lassen.

Sächsische Quarkkeulchen

Die Sachsen, auch als sogenannte Kaffesachsen sprichwörtlich bekannt (Caffee drink ich jerne, aba süsse muß er sin), essen naturgemäß gern Süßspeisen. Das ist nicht verwunderlich im Grenzbereich zur Wiener und sudetendeutschen Küche. Zum Mittag und auch zur Jausse sind die Quarkbrötchen, auch »Klitscher« genannt, immer willkommen im Sachsenland.

4 Personen

ein Hauptgenuß

700 g kalte, abgekochte, abgepellte Pellkartoffeln, 100 g Weizenmehl, 1–2 Eier, ½ Teel. Salz, 60 g Zucker, 30 g Korinthen, 40 g Rosinen, 400 g Quark, Magerstufe, 1 Teel. Backpulver, 3 Strich Zitronenschale (ungespritzte);
zum Ausbacken: Schmalz oder Butterschmalz, 700 g;
zum Bestreuen: 100 g Zucker und Messerspitze gem. Zimt

Die Kartoffeln reiben oder durch mittlere Wolfscheibe drehen. Gesiebtes Mehl, Salz, Zucker, Zitronenschale, zerquirltes Ei, Rosinen, Korinthen, Quark und Backpulver zugeben und alles zu einem Teig verarbeiten.
Nebenher das Backfett vorheizen.
Aus dem Keulchenteig tassenrunde, 1 cm dicke Plätzchen ausrollen und ausstechen, die man in ca. 180 Grad heißem Backfett beidseitig goldgelb ausbackt.
Keulchen vom Fett abtropfen lassen und heiß mit Zimtzucker bestreuen.
Dazu Dunstobst oder Apfelmus reichen.
Diese Speise erfreut jedes Sachsenherz!

a Dibbelabbes Essen!

Sächsisch Vogtländisches Warmbier

Eine typische Sachsensuppe! Sie wurde später auch in preußischen Landen populär. Friedrich der Große ist bei Bier aufgezogen worden, wie es in der Vossischen Zeitung hieß, als Friedrich der Unsitte des Kaffeetrinkens bei seinen Landeskindern begegnen wollte.

4 Personen

½ l Milch, ⅜ l Bier, dunkles, 2 Eigelbe, 1 Eßl. Mondamin, 1 Eßl. Zucker, Strich abgeriebene Zitronenschale, Messerspitze Zimt, dünnes Scheibchen kandierten Ingwer

Von der Milch eine Tasse voll abnehmen, den Rest zum Ankochen bringen. Das Mondamin in der Tasse Milch anrühren

und damit die kochende Milch andicken, zurückziehen und die Eigelbe schnell unterrühren.
Bier mit Prise Salz, Zucker, Zimt, Ingwer und Zitronenabrieb aufkochen und durch ein Sieb in die Milchsuppe zugießen, umrühren, sofort servieren.
Man ißt in Sachsen und im Vogtlande belegte Brote (Bemmchen) dazu.

Wildschweinsbraten, sächsische Art

4 Personen

1 kg Wildschweinskeule oder Blatt ohne Knochen, 1/2 l Buttermilch, 100 g Wurzelwerk, Sellerie, Mohrrübe, Zwiebel, gesäubert, geputzt und grob zerschnitten, 75 g Speckschwarte oder Räucherschinkenknochen, 1 Teel. Gewürzkörner, zerstoßen, 1 Teel. Wacholderbeeren, zerstoßen, 1 Lorbeerblatt, Salz und Handmühlpfeffer, 1 KL Tomatenmark, 2 Eßl. Schmalz, 1/2 Tasse Rotwein, 40 g Mehl

Fleisch säubern und 2 Tage zugedeckt an kühlem Ort in der Buttermilch liegen lassen.
Herausnehmen, abtropfen lassen, salzen und pfeffern, in heißem Fett allseitig anbraten. Dann das Wurzelwerk mit anrösten lassen und die Speckschwarten, öfter umrühren.
Anschließend das Tomatenmark mit anrösten und braune Farbe nehmen lassen. Dann mit Wasser angießen, die Gewürze zugeben, das Bratstück öfter wenden und begießen. Der Bratvorgang dauert ca. 1 bis 1 1/2 Stunden, je nach Alter des Tieres.
Den Bratfond so halten, daß er etwa einen halben Liter ausmacht. Das gare Fleisch herausnehmen und warm legen.
Den Bratfond eindicken, indem das Mehl im Rotwein verrührt und die Sauce damit gebunden wird.
Abschmecken mit Salz, Pfeffer, Prise Zucker und Zitronensaft.
Fleischscheiben mit der Sauce bedecken.
Als Beilage eignen sich Rotkohl, Grünkohl, Rosenkohl, Waldpilze, Kartoffelklöße, Semmelklöße, Kartoffelmus, Apfelmus und Preiselbeeren.

Zwiebelfleisch, Sachsenart

4 Personen

700 g mageres Rindfleisch, 700 g Zwiebeln in Würfeln, 1/2 l leichte Brühe (Kalb o. Schwein), 70 g Butter, 1 KL Kümmel, gehackt, 1 KL Zucker, 3 altbackene Semmeln, hilfsweise Weißbrot

Die Zwiebelwürfel in eisernem Topf mit heißer Butter glasig andünsten lassen, das Rindfleisch in Scheiben schneiden und auf die glasigen Zwiebeln legen, weiter Salz, Pfeffer, Zucker, Kümmel zugeben, die Brühe angießen, zugedeckt langsam weich schmoren lassen.

Die Rindfleischscheiben nun herausnehmen und warmlegen.

Die Semmeln in Scheiben schneiden, in den Zwiebelfond legen und während 10 Minuten bei öfterem Umrühren zerkochen lassen, so daß sich eine sämige Bindung ergibt.

Die Fleischscheiben anrichten, mit der Zwiebelsauce bedecken.
Beilage: Kartoffelklöße.

das schmeckt den Größten wieder an

Heimatgerichte aus

dem Erzgebirge und Vogtland

Bratwurst mit Äpfeln

4 Personen Klüaß dra!

4 Bratwürste (Masse halb grob, halb fein), 600 g Kochäpfel, 100 g Rosinen, 2 Eßl. Zucker, Messerspitze Zimt, etwas abgeriebene Zitronenschale (ungespritzte), 1 Tasse Weißwein, 3/8 l helle Brühe, Prise Salz, 60 g Butter

Die Bratwürste in einer breiten Kasserolle oder einem Topf in der heißen Butter goldbraun anbraten.
Nebenher schält man die Äpfel, sticht das Kerngehäuse aus und schneidet Apfelspalten. Diese gibt man nun zusammen mit Zukker, Prise Salz, den Rosinen, Zimt, Zitronenschale über die angebratenen Würste und rührt vorsichtig um, ohne die Würste zu zerbrechen. Nun fügt man die Brühe und den Wein zu und läßt alles zugedeckt etwa 15 bis 20 Minuten schmoren, und das Gericht ist fertig.
Man reichte zu den Apfelbratwürsten Semmelklöße, Griesklöße oder Kartoffelklöße.

Brotkliaß mit Schwammer

Brotklöße mit Pilzen heißt dieses Erzgebirgische Heimatgericht auf hochdeutsch. Man nahm dazu vorzugsweise getrocknete Pilze. Diese hatte man August/September im heimischen Bergwald gesucht und einen Teil davon für den langen Winter getrocknet. Die Mütter und Hausfrauen von damals waren vorratsbewußt und verstanden gut zu wirtschaften.

4 Personen Waldschwammala!

375 g Trockenpilze (Steinpilze, Butterpilze, Pfiffer), 2 mittl. Zwiebeln, gewürfelt, 80 g Magerspeck, gewürfelt, 1 1/2 Eßl. Mehl, Salz und Handmühlpfeffer, 1 Tasse Brühe, 1 Sträußchen Petersilie, gehackt
Für die Klöße: 10 altbackene Semmeln, hilfsweise Weißbrot, 1/4 l Milch, 2 Eier und Salz

Am Vorabend des Essens die Trockenpilze einweichen.

Den Würfelspeck in der Kasserolle glasig auslassen und dann die Würfelzwiebel zugeben. Beides anrösten. Die Pilze mit dem Einweichwasser und der Hälfte der Brühe zusetzen. Zugedeckt langsam weichdünsten lassen.
In der restlichen Brühe das Mehl anrühren und das Pilzgemüse damit andicken, mit Salz und Pfeffer würzen, die gehackte Petersilie abschließend untermischen.
Für die Klöße die Semmeln in Scheiben oder Würfel schneiden, mit der kochenden Milch übergießen und zugedeckt weichen lassen. Dann die zerschlagenen Eier übergießen, Salz und einen Strich Muskat zugeben und alles zu einem bündigen Kloßteig verarbeiten.
Einen Topf nebenher mit Salzwasser aufstellen, zum Kochen bringen, mit nassen Händen runde Klöße ausformen und bei mäßiger Hitze 15 Minuten gar ziehen lassen.
Es war auch landesüblich, die gekochten Klöße in Scheiben zu schneiden, diese in der Butterpfanne anzubraten und die Pilze auf den Kloßscheiben anzurichten.

Hm.. wie bei Oma Schön!

Bottermilchgätzen

4 Personen

800 g rohe, geschälte Kartoffeln, 400 g abgekochte Kartoffeln, 1/4 l Buttermilch, Salz zum Würzen, 80 g Butter zum Braten

Die rohen Kartoffeln reiben und von dem abgesetzten Wasser etwas mit der Kelle oder dem Löffel abschöpfen.

Die gekochten, erkalteten Kartoffeln ebenfalls reiben, beides mit etwas Salz und der Buttermilch zu einem dicklichen Teig anrühren.

In der Stielpfanne mit heißer Butter runde Pfannenkuchen ausbacken (die Gätzen), die man heiß zu Tisch bringt.

Dazu reicht man vorzugsweise Blaubeerkompott, Preiselbeerkompott, Himbeerkompott, Brombeerkompott oder hilfsweise Backobst.

Die obigen Beerensorten kommen reichlich in den Erzgebirgischen Wäldern vor. Man brauchte sie nur zu pflücken.
Die Gätzen erinnern an die Berliner Puffer, die jedoch nur von rohen Kartoffeln gefertigt werden.

Krautklump

4 Personen

550 g mageren Schweinebauch, 550 g Weißkohl, 200 g kleine Kochbirnen, 700 g Kartoffeln, 3 Semmeln, 2 Eßl. Mehl, 30 g Butter, 1 Eßl. Essig, 1 Ei, Salz, Pfeffer und Zucker

Kohl putzen und waschen, in Würfel schneiden, 4 × 4 cm. Die Birnen vom Stiel befreien und waschen.
Schweinebauch im ganzen mit dem Kohl in Salzwasser ansetzen.
Kurz vor dem Garen auch die Birnen zusetzen und darin garen lassen, mit Essig und Zucker abschmecken.
Den Bauch in Scheiben schneiden und wieder in die Suppe einlegen.
Zum Klump:
Von den geschälten Kartoffeln eine Hälfte abkochen und durchpressen, die andere Hälfte reiben und auspressen.
Die Semmeln würfeln und in der Butter anrösten.
Diese drei Bestandteile mit dem Ei, Mehl, Salz und Pfeffer zu einer Kloßmasse verkneten.
Von der Klumpmasse mit dem Eßlöffel längliche Klöße abstechen und in der langsam kochenden Suppe 10 bis 15 Minuten durchziehen lassen.
In einer Suppenterrine zu Tisch bringen.

Plinsen

4 Personen

Buchweizenmehl nicht vergessen!

475 g Buchweizenmehl, 225 g Weizenmehl, 40–45 g frische Hefe, 9 dl Milch, 3–4 Eier, 1 Tasse saure Sahne, 1/2 abgeriebene Zitronenschale (ungespritzt), 3 Eßl. Rosinen, 1 KL Salz, 1 Eßl. Zukker, 75 g Butter

Beide Mehlsorten in einer Schüssel durchsieben. In etwas lauwarmer Milch die zerbröckelte Hefe auflösen und dann zusammen mit allen übrigen Zutaten einen dem Eierkuchen ähnlichen Teig anrühren. Die Eier zuletzt unterrühren.
In einer Stielpfanne läßt man ein Flöckchen Butter heiß werden und backt darin einen Eierkuchen aus. Vor dem Wenden streut man auf die noch flüssige Seite einige Rosinen.
Wenden, von beiden Seiten goldbraun ausbacken und heiß zu Tisch bringen. Dazu reicht man frisch gedünstetes Kompott der Jahreszeit.

Kartoffeln am Vortag kochen.

Vogtländer Kartoffelklöße

4 Personen

800 g kalte, abgekochte Pellkartoffeln, 1 Ei, 2 altbackene Semmeln in Würfeln, 30 g Butter, 1/2 Tasse saure Sahne, 2 Eßl. Weizenmehl, Salz, Strich Muskat

Semmelwürfel in der Butter goldgelb anrösten.
Die abgepellten Kartoffeln reiben oder durch mittlere Wolfscheibe drehen. Salz und Muskat dazutun, Sahne, Mehl, Semmelwürfel und zerquirltes Ei desgleichen und alles zu einem festen Kloßteig verarbeiten.
Man formt davon runde Portionsklöße, die 10 bis 15 Minuten langsam in kochendem Salzwasser gegart werden.

Zibbel-Klump

4 Personen

800 g Hammelfleisch, 300 g Zwiebeln, 1 KL Kümmel, gehackt, Salz und Handmühlpfeffer, 2 Eßl. Mehl, 4 Eßl. süße Sahne

Hammelfleisch in Ragoutstücke schneiden.
Zwiebel schälen und in Würfel schneiden.
Hammelfleischwürfel und Zwiebeln eben mit Wasser bedeckt

und einem KL Salz ansetzen, nach dem ersten Aufkochen abschäumen und zugedeckt bei langsamer Hitze weichkochen lassen.
Gehackten Kümmel und Pfeffer zugeben, Mehl in der Sahne anrühren, und das Hammelragout unter Umrühren damit andicken. Nochmals abschmecken, zusammen mit Thüringer Klößen servieren.

Beern-Klump

4 Personen

300 g Mehl, gesiebt, 3/4 Tasse lauwarme Milch, 30 g Hefe, 40 g Butterflocken, 35 g Zucker, 1 Ei und Prise Salz, 275 g Rauchfleisch, nehmen Sie Kasslerkamm-Scheiben, 475 g Kochbirnen, 2 Tassen Wasser, 50 g Zucker, Stückchen Stangenzimt und etwas abgeriebene Zitronenschale

Gesiebtes Mehl in eine Schüssel geben. In der Mitte Vertiefung anrichten, darin mit der in Milch und Zucker aufgelösten Hefe ein Hefestück anrühren. Das muß doppelt aufgehen. Am Mehlrande verteilt man die Butterflöckchen.
Nach dem Gehen des Hefestücks den Teig herstellen, den man nochmals doppelt aufgehen läßt.
Sodann fettet man eine feuerfeste Backform aus, deren Wandung mit dem Rauchfleisch belegt wird. In den freien Raum plaziert man nun den Hefeteig. In mittelheißem vorgeheiztem Ofen backt man den Klump ca. 40–45 Minuten aus.
Nebenher hat man die Birnen geschält, halbiert, das Kerngehäuse entfernt und mit Wasser, Zucker, Zimt und Zitronenschale bei mäßiger Hitze zu einem Kompott gekocht, das man abschließend mit etwas Stärke sämig abzieht.
Den gebackenen Klump aus der Form stürzen, in Scheiben schneiden, auf Platte oder Tellern anrichten, dazu in einer Schüssel das ›Beern‹-Kompott reichen.

Zu Tisch wos Beern föd!

Notizen & weitere Rezepte:

Heima

gerichte aus der Niederlausitz

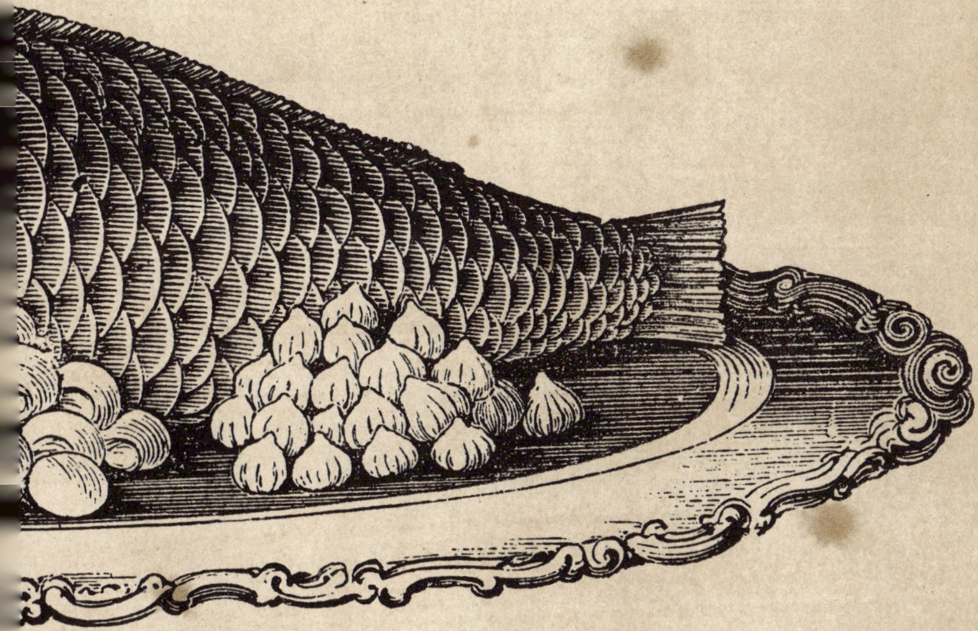

Backobst mit Kartoffelklößen

4 Personen

Backobst einweichen

350 g Backobst in Wasser bedeckt, vorgeweicht, 50 g Zucker, Stückchen Zimt, 1/2 Eßl. Stärke oder 40 g geriebenen Pfefferkuchen, 800 g geschälte Kartoffeln, 1 Ei, 3 Eßl. Mehl, 1 Eßl. Kartoffelmehl, Salz, Strich Muskat, Prise Pfeffer, etwas Milch, 50 g Butter, 3 Scheiben Weißbrot in Würfeln

Backobst mit dem Einweichwasser, Zucker und Zimt aufsetzen und gar kochen. Abschließend mit der angerührten Stärke oder dem geriebenen Pfefferkuchen andicken. Zurückziehen.
Nebenher die Kartoffeln in Salzwasser gar kochen, gut abgießen und durch die Presse geben. Das zerquirlte Ei und so viel kochende Milch darüber gießen und verrühren, daß ein fester Kloßteig gefertigt werden kann. Mehl und Stärke und die Gewürze darunter verrühren, etwas abkühlen lassen.
Die Weißbrotwürfel in heißer Butter goldgelb anrösten, beiseite stellen.
Einen Topf mit Salzwasser zum Kochen bringen. Von der Kloßmasse mit nassen Händen Klöße anfertigen. In die Mitte als Füllung Röstbrotwürfel einrollen. Die Klöße bei kleiner Hitze 15 Minuten gar ziehen lassen.
Klöße auf Tellern mit warmem Backobst anrichten.

Bratwurst in Bier mit gedünstetem Kürbis

4 Personen

4 Bratwürste, möglichst halb grobe, halb feine Masse, 50 g Butter, 70 g Pfefferkuchen (Fischkuchen), gerieben, 1 Fl. Braunbier, Salz, Pfeffer, Prise Zucker, 500 g Kürbis, 150 g Zucker, 3 Eßl. Essig, 1 Gewürznelke, 2 zerdrückte Pfefferkörner, Prise Muskat, Stückchen Zimt

Den geschälten Kürbis in mundgerechte Stücke schneiden, waschen, abtropfen lassen.
Kürbisstückchen in einen Topf geben, knapp Wasser hinzutun. Den Zucker, Essig und die übrigen Gewürze, zugedeckt etwa 10 Minuten langsam gar kochen. In Schüssel erkalten lassen.
Bratwürste brühen und von beiden Seiten leicht anpieken. In etwas Milch wälzen und in der aufsteigenden Butter von beiden Seiten goldbraun braten, dann aus der Pfanne nehmen und warmlegen.
Den zerbröselten Pfefferkuchen in das Bratfett geben, umrühren und mit dem Braunbier auffüllen.
Abschmecken mit Salz, Pfeffer und Zucker.
Man richtet die Bratwurst auf einem Teller an und bedeckt sie mit der Biersauce. Dazu ißt man märkisches Kartoffelmus. Auf Glastellern richtet man als Beilage das Kürbiskompott an.

Geschmorter Schweinekamm mit Senfgurke

4 Personen

800 g Schweinekamm ohne Knochen, 125 g geputztes Wurzelwerk, Knollensellerie, Möhre, Zwiebel, grob zerschnitten, Gewürze, Kümmel, Lorbeerblatt, Gewürzkorn, Salz, Pfeffer, 1 KL Tomatenmark, 1 Eßl. Mehl, 50 g Schmalz, 500 g Gemüsegurke (Senfgurke), 1 KL Senfkörner, 4 Eßl. Essig, Salz, Pfeffer und Zucker

Schmalz in Ofenpfanne heiß werden lassen, das gesalzene gepfefferte Kammstück einlegen, allseitig anbraten. Wurzelwerk und Gewürze zugeben, mit anrösten lassen. Dann Tomatenmark mit anrösten, öfter umrühren und wenden, ablöschen und schließlich $^3/_8$ Liter Wasser angießen. Fleisch im Fond unter öfterem Wenden gar schmoren, ca. 1 bis 1 $^1/_2$ Stunde.
Nebenher Gurke schälen, waschen, in mundgerechte Stücke schneiden. Einen herzhaften Sud von Wasser, Salz, Pfeffer, Zuk-

ker, Essig und Senfkörner ansetzen. Aufkochen lassen. Gurkenstücke einlegen und darin ca. 10 Minuten knackig kochen, erkalten lassen. Man gibt die kalten Senfgurkenstücke als Beilage zum Braten.
Den Kamm aus dem Fond nehmen. Warmhalten. Die Sauce durchgießen, mit dem angerührten Mehl andicken, mit Salz und Pfeffer abschmecken.
Schweinekammscheiben mit der Schmorsauce bedecken und Salzkartoffeln oder Kartoffelmus anlegen. Senfgurkenstücke extra auf Glasteller.

Gut mit Blaubeeren.

Gubener Hefeplinse

4 Personen

300 g Mehl, 15 g frische Hefe, 3 Eier, Salz und etwas Milch, zum Ausbacken 125 g Schmalz

Die zerbröckelte Hefe mit Prise Zucker in etwas lauwarmer Milch auflösen.
Nebenher das Mehl durchsieben, in eine Schüssel geben und mit den zerquirlten Eiern und der Milchhefe einen recht dicklichen Eierkuchenteig anrühren, den man noch mit einer Prise Salz würzt.
In der Stielpfanne läßt man dann eine große Flocke Schmalz heiß werden und backt darin runde Plinsen von dem Teig aus. Sie sollen von beiden Seiten schön goldbraun sein.

Man gibt die gebackenen Gubener Plinse auf Teller und ißt sie mit Zucker bestreut. Nach Belieben kann man auch Zimtzucker nehmen. Es ist auch üblich, Kompotte dazu zu essen, z.B. Pflaumenkompott, Kompott von Blaubeeren, Preiselbeeren u.a.m.

Eine andere Variante besteht darin, daß man in den rohen Plinsenteig geschnittenen Schnittlauch und Zwiebelwürfel untermischt, ferner angebratene Würfel von geräuchertem Magerspeck.
Ein echtes Niederlausitzer Heimatessen, das immer wieder jung und alt erfreut.

Kartoffelmus, Lausitzer Art

4 Personen

700 g geschälte Kartoffeln, 300 g geschälte, entkernte saure Kochäpfel, 100 g Butter, Salz und bei Bedarf Prise Zucker, Strich Muskat;
zum Begießen: 60 g Butter, 3 Scheiben zerstoßener Zwieback

Die zerschnittenen Kartoffeln ca. 10 Minuten in Salzwasser kochen, abgießen.
Dann wieder in frischem, kochendem Salzwasser aufsetzen und beinahe gar kochen.
Nebenher hat man die geschälten Äpfel ohne Gehäuse in Stücke geschnitten und gibt diese Apfelstücke mit der Butter in die kochenden Kartoffeln.
Man läßt nun alles zusammen weich kochen, zieht dann den Topf vom Herd zurück und stampft alles ganz fein. Sollte die Masse zu fest sein, gibt man noch einen Schuß heiße Milch hinzu. Das Mus mit Salz, Strich Muskat abschmecken und, falls die Äpfel sehr sauer waren, etwas Zucker hinzugeben.
Zum Schluß gibt man die 60 g Butter in die Pfanne, läßt sie heiß werden und streut den zerstoßenen Zwieback hinein. Umrühren, zurückziehen.
Das märkische Kartoffelmus anrichten und mit dem Butterzwieback begießen. Paßt zu allen Braten, Wild und Geflügel.

Muß ich auch mal probieren.

Lausitzer Hirsebrei mit geräucherter Grützwurst

Ein altes Gericht aus der Niederlausitz, aus dem Raum Lübbenau, Kalau, Luckau, Finsterwalde, Kottbus, Peitz. Stammt mit Sicherheit aus der Zeit, in der die Kartoffel noch nicht Grundnahrungsmittel der Bevölkerung war.

4 Personen

300 g Hirse, 3/8 l Milch, 75 g Butter zum Begießen, Salz, 600 g geräucherte Grützwurst, 50 g Butter zum Braten

Die Hirse in kochendem Wasser ca. 5 Minuten abbrühen, auf ein feines Sieb abgießen und abtropfen lassen.
Die Hirse dann mit der Milch und einer Prise Salz wieder aufsetzen und gar kochen lassen. Während des Kochvorgangs öfter umrühren, um ein Anbrennen zu vermeiden.
Die geräucherte Grützwurst im Schrägschnitt in gefällige Scheiben schneiden und auf der Pfanne in heißer Butter beidseitig anbraten.
Man richtet den Hirsebrei auf Tellern an, gießt braune Butter darüber und belegt den Hirsebrei mit den gebratenen Grützwurstscheiben.

Peitzer Karpfen blau mit Butter

Peitz in der Niederlausitz, eine Hochburg ländlicher Fischkochkunst.

4 Personen Silvester-Essen!

Man benötigt einen Karpfen von mindestens 1 kg Lebendgewicht. Lassen Sie vom Fischhändler einen Karpfen schlachten, halbieren und jede Karpfenhälfte nochmals halbieren.

4 Portionsstücke Karpfen zu je 250 bis 300 g Rohgewicht, 4 Eßl. Kräuteressig, 1 Zwiebel, 1 Lorbeerblatt, 3 Gewürzkörner, 175 g Butter, 75 g frischen, geraffelten Meerrettich, 2–3 Eßl. Salz, 4 Zitronenecken, 800 g abgekochte Salzkartoffeln, gehackte Petersilie

Karpfenstücke säubern, Milch und Rogen säubern. Auf Teller legen, Karpfenhaut nach oben mit 2 Eßl. lauwarmen Essigs übergießen, damit die Haut bläut. 5 Minuten stehen lassen.
2 Liter Wasser mit dem Salz, 2 Eßl. Essig und Gewürz zum Kochen bringen und den Karpfen darin bei mäßiger Hitze ca. 15 Minuten gar ziehen lassen.
Nebenher die Salzkartoffeln kochen lassen.
Der geschrappte Meerrettich wird auf einer feinen Raffel gerieben und entweder so angelegt oder mit süßem Schlagrahm vermischt, mit Prise Salz und Zucker abgeschmeckt.

Man hebt die Karpfenstücke mit einem Schaumlöffel aus dem Fischsud, läßt abtropfen und richtet die Portionen auf Tellern an. Auf einem Salatblatt legt man etwas Meerrettich und Zitronenecke an, daneben die Salzkartoffeln.
Man übergießt die Karpfenstücke mit zerlassener Butter und bringt das Essen zu Tisch.
Herren lieben zuweilen die herzhaftere braune Butter über dem Karpfen.

Dazu Kartoffelklöße.

Sauerbraten

Ein Gericht, das in der Lausitz ebenso wie in Berlin, Thüringen, Sachsen und Schlesien gepflegt wurde. Besonders an Sonntagen wurde das Gericht von den Müttern und Hausfrauen zubereitet. Dazu gab es die allseits beliebten Kartoffelklöße, besonders die von rohen Kartoffeln.

4 Personen

900 g Rinderbraten aus der Keule, 1 Tasse Essig, ½ Tasse Wasser, 1 Lorbeerblatt, 3 Gewürzkörner, zerstoßen, 1 geschälte Zwiebel, grob zerschnitten; zum Braten und Schmoren: 50 g Schmalz, 75 g Speck zum Spicken, die Schwarte zum Braten, 125 g Wurzelwerk, Möhre, Sellerie, Zwiebel, geputzt und grob zerschnitten, 1 KL Tomatenmark, 1 Eßl. Mehl, 1 KL Stärke, Salz und Pfeffer.

Bratenstück 3 Tage in eine Beize von Essig, Wasser, Lorbeerblatt, Gewürzkorn und Zwiebel legen (Steintopf).
Nach dem Beizen herausnehmen, abtropfen lassen.
Speck in gleichmäßige Spickstreifen schneiden und das Fleisch längs der Fleischfaserrichtung damit spicken, dann salzen und pfeffern. Im Schmortopf Fett heiß werden lassen, das Fleisch einlegen und allseitig braun anbraten. Dann das Wurzelwerk mit anrösten. Wenn dies geschehen ist, das Tomatenmark mit anrösten, ablöschen und wieder anrösten lassen und dann mit ca. ⅜ Liter Wasser auffüllen.
Zugedeckt weichschmoren lassen, was ca. 1½ Stunden dauert. Fleisch dann herausnehmen, warmlegen. Mehl und Stärke an-

rühren und die Sauerbratensauce damit eindicken, mit Salz und Pfeffer würzen.
Fleisch dann in Portionsscheiben schneiden, anrichten, mit der Sauce bedecken und als Beilage Kartoffelklöße anlegen.
Es ist auch üblich, zum Eindicken der Sauce zerstoßenen Pfefferkuchen mit zu verwenden.

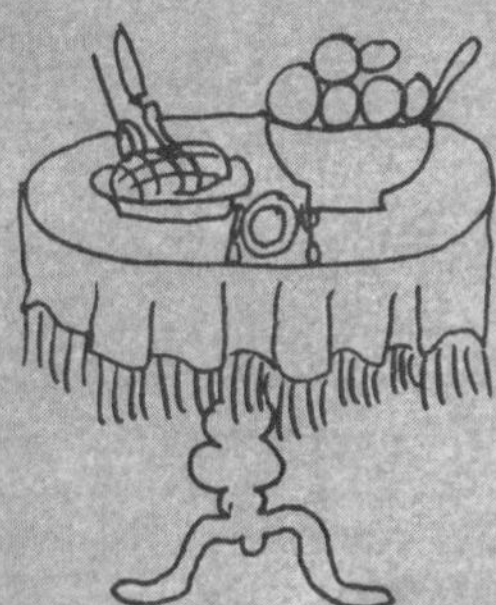

Notizen & weitere Rezepte:

fig. 6

Spreewälder Heimatgerichte

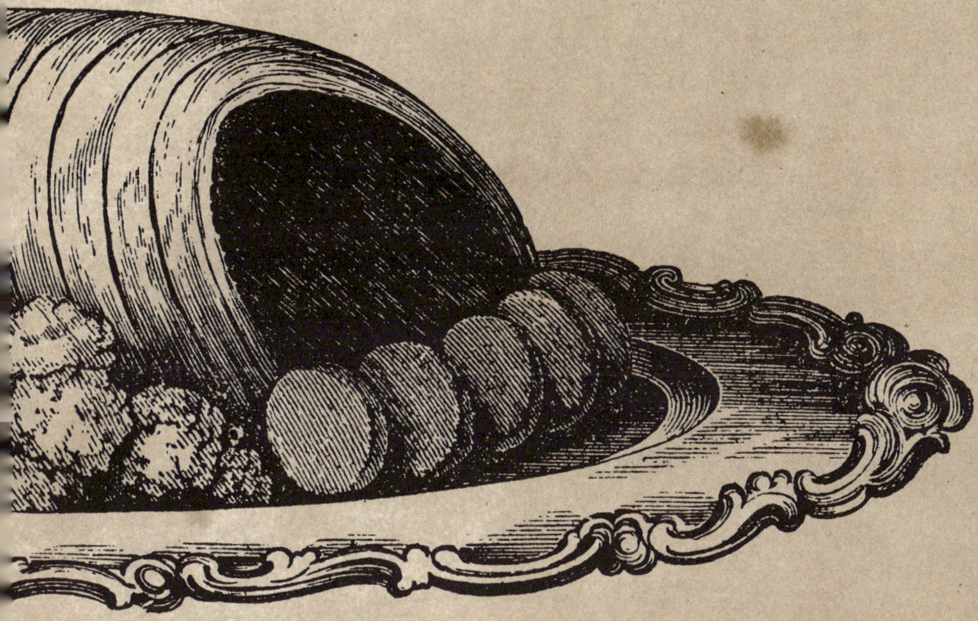

Dicke Milch in Satten

Ein ländlich sommerlicher Magentrost aus dem volkstümlichen Spreewald. Stammt noch aus der Zeit, als Kühlschränke unbekannt waren. Die Mutter und Hausfrau ließ die übrig gebliebene Milch in flachen Satten stehen zum Säuern. Wenn die Milch über 10 Säuregrade hatte, wurde sie dick und bekam den herzhaft säuerlichen Geschmack, der bei den Kindern so beliebt war.
Anfangs war das Gericht, wie so vieles, ein Werk des Zufalls. Als man Gefallen an der Speise fand, half man dem Zufall nach und ließ Milch absichtlich im Sommer in der Wärme stehen, um Dickmilch zu erhalten.
Man richtet die Dickmilch in tiefen Tellern an und streut Zucker oder auch Zimtzucker darüber.
Beliebt ist es auch, zerstoßenen Zwieback über die Dickmilch zu streuen.
Eine andere Variante ist der Verzehr mit Beerenkompott, z.B. Johannisbeeren, Fliederbeeren, Preiselbeeren, Heidelbeeren usw.

Geschmorte Wildschweinskeule mit Apfelrotkohl

4 Personen

1000 g Wildschweinskeule ohne Knochen, 50 g Schmalz und Speckabgänge, Schwarten, 125 g geputztes, geschnittenes Wurzelwerk, Möhre, Sellerie, Lauch, Zwiebel, 1/2 Tasse Rotwein, 1 Eßl. Mehl, 1 KL Stärke, Salz, 4 zerstoßene Pfefferkörner, 4 zerstoßene Wacholderbeeren, 1 Lorbeerblatt

Wildschweinskeule nach Belieben vor der Zubereitung 1–2 Tage in Buttermilch legen oder in Beize von 90 % Rotwein und 10 % Essig einlegen.
Zur Zubereitung Wildfleisch salzen und pfeffern. In eisernem Topf Schmalz heiß werden lassen, Keulenstück darin allseitig

braun anbraten, Wurzelwerk, Gewürze und Speckschwarte zugeben, anrösten lassen. Danach auch eine kleine Flocke Tomatenmark mit anrösten, mit wenig Wasser ablöschen, verdampfen lassen und dann ca. $^{3}/_{8}$ Liter Wasser oder leichte Brühe angießen. Zudecken.
1–1 $^{1}/_{2}$ Stunden unter öfterem Wenden das Keulenstück weichschmoren, Daumendruckprobe machen.
Fleisch herausnehmen, warm legen. Mehl und Stärke in dem Rotwein anrühren und damit unter Rühren die Sauce eindicken. Sauce 5–10 Minuten bei kleiner Hitze ausquellen lassen. Abschmecken mit Salz, Pfeffer, Zitronensaft, einigen Tropfen Worcestershire, dann durch ein feines Sieb passieren.
Man bereitet dazu einen Rotkohl, den man vor dem Ansetzen mit etwas Essig, Salz und Zucker, Prise Pfeffer mariniert, dann zusammen mit geschälten Apfelstücken aufsetzt und gart. Abschließend gibt man 1 bis 2 Eßl. Preiselbeeren in das Rotkraut. Binden mit halb Mehl, halb Stärke, in wenig Wasser angerührt. Abschmecken mit Salz, Pfeffer, Zucker und, wenn nötig, Essig. Wildschweinskeule in Scheiben anrichten, mit der Schmorsauce bedecken, Rotkohl extra reichen. Weitere Beilage Kartoffelbrei oder Klöße.

Wirklich köstlich!

Grashecht gebraten mit Bauernsalat

Es handelt sich hier um junge Portionshechte im Gewicht von 250 bis 300 g.

4 Personen

4 Portionshechte von je 250 bis 300 g Gewicht, geschuppt, ausgenommen und gesäubert, 100 g Butter, Salz, Pfeffer, 1 Zitronensaft, einige Tropfen Worcestershire, etwas Mehl zum Wälzen;
zum Anlegen 4 Zitronenecken;
zum Bestreuen 1 Bündchen gehackte Petersilie

Die Köpfe dieser Brathechte werden nicht abgeschnitten. Die Hechte werden auf beiden Außenseiten mit dem Messer 3–4 mal schräg eingekerbt, dann gesalzen, gepfeffert, mit Zitronensaft und Worcestershire beträufelt und in Mehl gewälzt.

Eine entsprechend große Pfanne setzt man mit der Butter auf. Wenn die Butter aufsteigt, legt man die melierten Brathechte ein und brät sie unter öfterem Wenden auf beiden Seiten goldbraun. Hechte anrichten, mit gehackter Petersilie bestreuen und mit der braunen Butter begießen.
Dazu ißt man Bauernsalat, einen Kartoffelsalat von warmen Pellkartoffeln, abgeschmeckt mit Salz, Pfeffer, Essig, Zucker, gehackter Petersilie und Zwiebelwürfeln.
Abschließend werden ausgebratene Würfel von geräuchertem Magerspeck über den Kartoffelsalat gestreut.
Ein wirklich köstliches Spreewaldessen.

Hecht in Spreewälder Sauce

Die Flüsse und Seen in Mitteldeutschland und Ostdeutschland zeichneten sich von jeher durch besonderen Fischreichtum aus. Besonders Hechte waren in reichlichem Maße vorhanden. Hechtfleisch ist mager und daher besonders bekömmlich. Hier ist ein altes Spreewaldrezept.

4 Personen Salat dazu

900 g Hecht, geputzt, gesäubert, in 4 Portionsstücke geschnitten, 1 große geputzte Mohrrübe, 100 g Sellerie, 1 geschälte Zwiebel, halbiert, in Scheiben geschnitten, $\frac{1}{2}$ Stange geputzten, gewaschenen Lauch, 1 Sträußchen Petersilie, gehackt, 1 Eßl. geschnittenen Dill, 1 Lorbeerblatt, 2 Gewürzkörner, 2 Eßl. Salz, Pfeffer, $\frac{1}{2}$ Zitronensaft, 2 Eßl. Essig, 50 g Butter, 40 g Mehl, $\frac{1}{2}$ Tasse sauren Rahm

Einen Topf mit $1\frac{1}{2}$ Liter Wasser, Essig, Salz, Lorbeer und Gewürzkorn aufsetzen, zum Kochen bringen. Hechtportionen einlegen. Zugedeckt bei kleiner Hitze 15 Minuten gar kochen lassen. Nebenher das Gemüse in Streifen von Streichholzgröße schneiden. Butter im Topf zerlassen, heiß werden lassen und das Streifengemüse darin andünsten. Dann $\frac{1}{4}$ Liter Fischsud durchgießen und auf das Gemüse gießen. Zugedeckt weitere 12 Minuten gar kochen lassen. Man rührt dann das Mehl in der sauren Sahne an und dickt die Sauce unter Umrühren damit an. Noch

weitere 5 Minuten auf kleiner Hitze ausquellen lassen, abschmecken mit Salz, Pfeffer, Zucker und Zitronensaft. Am Schluß den Dill und die Petersilie unterrühren.
Die gekochten Fischportionen gut abgetropft auf Tellern anrichten und mit der Spreewälder Sauce bedecken.
Dazu reicht man gebutterte Salzkartoffeln und frischen grünen Salat.

Lübbener Dillgurken

Wie bei Oma

Zum Einlegen in einem Steinguttopf von 5 Litern:

5–6 Pfd. kleine Portionsgürkchen, 6 Rebenblätter, 2 lange Stengel Trockendill mit den Dolden, 4 l Wasser, 2 Hände voll Salz, 8 Pfefferkörner, 3 Lorbeerblätter

Die Einlegegurken gut waschen und abspülen, abtrocknen. Auf den Topfboden die Rebenblätter legen. Die langen Dillstengel zerhacken. Lagenweise die Gurken und den Trockendill schichtweise einstapeln, dazwischen das übrige Gewürz.
Wasser mit dem Salz aufkochen und erkalten lassen.
Nach dem Erkalten die Salzlake über die Gurken gießen. Mit einem beschwerten Holzdeckel abdecken, damit die oberen Gurken unter die Lake kommen. Alles wenigstens 7 Tage durchziehen lassen.

Rindfleisch mit Meerrettich

4 Personen

1000 g frische Rinderbrust, 1 Mohrrübe, 1 Stck. Knollensellerie, 1/2 Stange Lauch, Salz, 2 zerstoßene Pfefferkörner, 2 saure Salzgurken, 4 Scheiben kerniges Landbrot, 75 g frischen Meerrettich

Das Fleisch abspülen, 1 Liter Wasser mit etwas Salz zum Kochen bringen und das Rindfleisch einlegen. Nach einigen Minuten abschäumen und dann das geputzte Suppengrün unzerschnitten eingeben, ferner die Pfefferkörner. Nicht zudecken.

Das Suppenfleisch bei kleiner Hitze langsam gar kochen lassen, was ca. 1 1/2 Stunde dauert.
Inzwischen den Meerrettich schaben, abspülen und dann klein raspeln oder ein Glas Meerrettich im Handel kaufen.
Man schneidet das warme Rindfleisch in dicke Scheiben, richtet diese auf einem Holzteller an, legt auf einem Salatblatt etwas Meerrettich an und dazu Stücke von dem Suppengemüse und saure Gurkenstücke. Dazu ißt man kerniges Landbrot.
Es ist auch üblich im Spreewald, das Suppenfleisch mit etwas Rinderbrühe auf dem Teller anzurichten und Salzkartoffeln, Stücke des Suppengemüses und saure Gurke anzulegen.
In beiden Fällen hat man ein herzhaftes Spreewaldgericht.

Salzgurken, nach einem Spreewälder Rezept einzulegen

Lübben und Lübbenau im Spreewald sind ganz besonders bekannt geworden durch ihre Kunst der Gurkeneinlegerei. Wenn die sprichwörtlich bekannte »Saure-Gurken-Zeit« da ist, Juli/August, werden dort die Gurken eingelegt. Bei Volksfesten, an den Theken der Budicken: überall ißt man gern saure Gurke.
In den Kellern der Häuser stehen die Holzfässer mit den eingelegten Gurken, die mit ihren Gewürzen und dem Trockendill einen lieblichen Duft durch die Gewölbe verströmen, einen Hauch von alter Heimat und stillem Glück im Winkel.
Zu einem Faß von 35 Litern braucht man folgende Zutaten:

13 l Brunnenwasser, je härter je besser, 650 g Kochsalz, 500 g Trockendillstiele mit den Dolden, 30 g Basilikum, 200 g Kirschbaumblätter, 200 g Weinrebenblätter, 10 Pfefferkörner, zerdrückt

Man nehme junge Gurken, die noch keine Kerne haben, 10 kg. Die Gurken säubern und, wenn möglich, 24 Stunden in Brunnenwasser liegen lassen. Dann das Brunnenwasser abgießen.
Tags zuvor hat man bei öfterem Umrühren die 650 Gramm Salz in 13 Liter Brunnenwasser aufgelöst.
Man legt nun die Gurken lagenweise, jeweils die Kräuter zwischen einer Lage, in das saubere Faß und gießt anschließend die Brunnenwassersalzlake darüber.

Obenauf einen Holzdeckel legen, den man mit einem Gewicht beschwert, so daß die Gurken unter der Lake gehalten werden.
Auf der Oberfläche sich bildender Belag wird zeitweilig abgeschöpft.
Nach 10 bis 14 Tagen kann man von den eingelegten Gurken zum Verzehr nehmen, sie haben dann ihr köstliches Aroma.

Spreewälder Eierkuchen mit Preiselbeeren

Ein Gericht, das die Spree abwärts bis hin zur ehemaligen deutschen Hauptstadt sich großer Beliebtheit erfreute. Hier in Berlin wurde auch der Speckeierkuchen mit grünem Salat in der Frühlingszeit populär.

4 Personen Preiselbeeren dazu!

250 g gesiebtes Mehl, 4 Eier, zerquirlt, Prise Salz, 1 KL Zucker, Messerspitze Backpulver, 1 Tasse Milch, 400 g Preiselbeerkompott; zum Ausbacken: 75 g Butter

Aus Mehl, Milch und den zerquirlten Eiern einen dicklichen Eierpfannkuchenteig anrühren, dem man eine Prise Salz, den Zukker und eine Messerspitze Backpulver untermischt.
Die Preiselbeeren verteilt man auf 4 Glasteller als Beilage.
In einer Stielpfanne läßt man eine Flocke Butter heiß werden und gießt mit der Schöpfkelle eine Portion der Eierkuchenmasse ein, die man bis zu den Pfannenrändern verlaufen läßt.
Sobald die Masse zu stocken begonnen hat, den Eierkuchen auf die andere Seite umschwenken. Ungeübte können sich hierzu eines biegsamen Pfannenmessers (Palette) bedienen.
Man backt die Eierkuchen von beiden Seiten schön goldbraun aus, gibt sie auf Teller.
Jeder Essensteilnehmer bestreut seinen Eierkuchen nach Belieben mit Zucker.
Dazu ißt man die köstlichen Preiselbeeren, die früher aus den nicht allzuweit entfernten schlesischen Wäldern kamen.

Spreewälder Kürbiskompott

4 Personen

600 g geschälten Kürbis, 100 g Zucker, 1 Eßl. Essig, 3 g kandierten Ingwer, gestoßen, 1/2 Gewürznelke

Den geschälten Kürbis in halb fingerlange Stücke oder Würfel schneiden, in kochendem Wasser halb gar kochen, dann abgießen und erkalten lassen.
Angekochte Kürbisstücke in eine Schüssel tun, mit dem Zucker und den übrigen Gewürzen vermischen, zugedeckt über Nacht stehen lassen.
Anderntags den abgesetzten Saft aufsetzen, zum Kochen bringen. Die Kürbisstückchen in dem kochenden Fond einmal kurz mit aufkochen, in eine Schüssel geben und erkalten lassen.

Mag Opa so gerne

Notizen & weitere Rezepte:

fig · 7

Heimatgerichte Siedlungsgebiet

aus dem Sudetenland und dem ehemaligen
deutscher Minderheiten in Böhmen

Fasan, böhmische Art

Fasane kamen seit jeher reichlich in Böhmen vor. Dieses Gericht war auch unter den Sudetendeutschen sehr geschätzt.

4 Personen

2 Stck. junge Fasanenhähne oder Hennen, 4 Stck. Weinrebenblätter, 2 Scheiben fetten Speck, jede Scheibe 9 × 9 cm, 150 g Butter, 1 Zwiebel, zerschnitten, 1 geputzte Möhre, zerschnitten, 1 Tasse süße Sahne, $^{1}/_{2}$ Tasse saure Sahne, 1 Tasse Hühnerbrühe, 2 Scheiben Weißbrot zum Toasten, 4 Hühnerlebern, 5 geschälte Schalotten, feingehackt, Prise Thymian, Salz und Pfeffer

Die Fasane ausnehmen, putzen, säubern, Kopf abhacken, davon den Hals abhacken, Gurgel ziehen, Füße unterhalb des Gelenks abhacken, Fasane trocknen, innen salzen.

Fasane auf den Tisch legen, Brüste nach oben, die Brüste mit je 2 Weinrebenblättern belegen, darüber die fetten Speckscheiben legen. Einen dünnen Bindfaden kreuzweise um die Beine verschlingen, beide Enden überkreuzend über die Speckscheiben führen und hinter dem Halsansatz verknoten. Die Flügelspitzen auf dem Rücken verschränken. Fasane salzen und pfeffern. Ungeübte können die Speckscheiben und Rebenblätter evtl. durch einfaches Umwickeln befestigen. Ofen auf 250 Grad vorheizen. Butter in der Ofenpfanne heiß werden lassen. Fasane mit der Brust nach oben einlegen, nach maximal 15 Minuten wenden und so 7 Minuten weiterbraten lassen, dann Möhren und Zwiebelstücke zugeben, mit anrösten lassen, Hals ebenfalls mit anrösten lassen. Nun die süße Sahne über die Fasane gießen, Ofenhitze auf 190 Grad drosseln. Nach 10 Minuten Fasane wieder auf den Rücken legen und weitere 5 Minuten braten lassen. Dann Daumendruckprobe auf den Keulen machen. Weiche Fasane herausnehmen, Bindfaden aufschneiden, Blätter und Speckscheiben entfernen, Fasane und Speckscheiben warm legen.

Den Pfannenbratsatz mit der heißen Hühnerbrühe ablöschen, umrühren, aufkochen, in der sauren Sahne 1 Teel. Mehl anrühren und damit die Sauce leicht sämig machen.

Aufkochen, abschmecken mit Salz, Pfeffer und Prise Thymian, Sauce durchgießen und heißstellen.
In einer Stielpfanne Flocke Butter heiß werden lassen, darin die Schalotten anrösten. Dann die Hühnerlebern und Fasanenlebern zugeben und darin durchbraten, mit Salz und Handmühlpfeffer würzen.
Das Lebergebrät fein hacken und warm bereitstellen.
Die Fasane, anfangend von Brust zum Rückgrat hin, halbieren, das Rückgrat am besten aushauen.
Weißbrotscheiben in der Butterpfanne goldgelb toasten und halbieren. Auf jedes Toaststück das Lebergehäck verstreichen, den halben heißen Fasan darauflegen, die Röstspeckscheiben in Streifen schneiden und über die Fasanenbrüste streuen.
Auf Tellern oder Platte anrichten, Sauce extra in Sauciere reichen.
Als Beilage eignen sich besonders Weinkraut oder glasierte Maronen und Kartoffelmus.

Köstlich!

Junge Rebhühner, gebraten

4 Personen

4 junge Rebhühner, ausgenommen und küchenfertig, 4 Weinrebenblätter, 4 Scheiben fetten Speck, 7 × 7 cm, 2 Zwiebeln, grob zerschnitten, 5 zerdrückte Wacholderbeeren, 1 Tasse süße Sahne, 1 Tasse Hühnerbrühe, ½ Eßl. Mehl, 2 Eßl. Weinbrand, 70 g Butter

Von den Rebhuhnbeinen nur die Krallen abhacken.
Die küchenfertigen Hühner innen und außen salzen und pfeffern. Die Brüste mit den Rebenblättern belegen, darauf die Speckscheiben legen. Einen dünnen Bindfaden kreuzweise um die Beine schlingen, beide Fadenhälften über Kreuz über die Speckscheibe führen und hinter dem Halsansatz verknoten. Ungeübte mögen die Rebhühner nach ihrem Belieben mit Faden umbinden, so daß die Speckscheiben halten.
Butter in kleiner Ofenpfanne heiß werden lassen, die Rebhühner mit der Brust nach oben einlegen und im vorgeheizten Ofen

von 200 Grad anbraten. Nach einigen Minuten wenden und nach weiteren 5 Minuten die Zwiebel und die Wacholderbeeren zugeben. Wenn die Feldhühner gut mit dem Wurzelwerk angebraten sind, mit der Hühnerbrühe ablöschen. Die Rebhühner öfter wenden und begießen. Der Bratvorgang benötigt ca. 30 Minuten. Dann die Rebhühner herausnehmen, aufbinden, warm legen. Die Speckscheiben in Streifen schneiden und ebenfalls warm legen. Den Bratsatz mit der Sahne angießen, das Mehl in wenig angerührter Sahne unter die Sauce gießen, umrühren, 5 Minuten kochen lassen.
Abschmecken mit Salz und Pfeffer sowie mit dem Weinbrand. Sauce durchgießen.
Rebhühner anrichten, Speckstreifen über die Brüste streuen, Sauce extra reichen.
Beilagen: Weinkraut und halbe gedünstete ausgehöhlte Äpfel, gefüllt mit Preiselbeeren, dazu Kartoffelmus.

Karpfen, Moldauer Art

Von jeher waren Deutsche im Moldaugebiet angesiedelt und hatten reichen Anteil an der dortigen Kultur. Die Moldau entspringt nahe der bayerischen Grenze südlich Eisenstein, läuft durch Budweis und die Goldene Stadt Prag, die so eng mit unserer deutschen Geschichte verbunden ist, und mündet bei Melnik in die Elbe, nicht 100 km von dem unvergessenen Gablonz entfernt.

4 Personen

200 g geputztes Wurzelgemüse, Möhren, Knollensellerie, Lauch, Petersilienwurzel, grob zerkleinert, 50 g Butter, 40 g geriebenen Meerrettich, 40 g Mehl, Salz, Pfeffer, Zitronensaft, 4 Portionsstücke Karpfen zu je 300 Gramm

Das Wurzelwerk in einer Ofenpfanne in heißer Butter anrösten, die gesalzenen und gepfefferten Karpfenstücke mit der Haut nach oben in das angeröstete Wurzelwerk einlegen, in vorgeheizten Ofen von 220 Grad einschieben, mit Butter bepinselt anbraten lassen, dann mit $^{3}/_{8}$ Liter Küchenweißwein angießen und gar schmoren lassen, was insgesamt 20 bis 25 Minuten dauert. Karpfenstücke dann herausnehmen und warm legen.

Den Sud mit den Röstgemüsen durch ein Sieb drücken und mit dem angerührten Mehl auf dem Herd eindicken, den geriebenen Meerrettich unter die Sauce ziehen, weiter mit Salz, Pfeffer und Zitronensaft würzen.

Man bedeckt zum Essen die Portionsstücke Karpfen mit der Sauce und legt als Beilage Sauerkraut und kleine runde Röstkartöffelchen um die Portionen.

Ein echtes Gericht aus den Siedlungsgebieten an der Moldau und in den Sudeten.
Karpfen ist auch bei den Tschechen sehr beliebt.

Am Vortag kochen!

Kuheuter, gebacken, eine sudetendeutsche Spezialität

Dieses Essen hatte um die Jahrhundertwende auch in Berlin Eingang gefunden, wo es unter dem Namen Berliner Schnitzel stadtbekannt war. Heute ist es gänzlich aus der Mode gekommen.

4 Personen

900 g Kuheuter, 150 g küchenfertiges Suppengrün,
3 Eßl. Essig, Salz und Pfeffer zum Würzen;
zur Panade: 1 Ei, Mehl und Semmelbrösel;
zum Braten: 100 g Butter, 1 Zitrone zum Garnieren

Das gut gewässerte Kuheuter wird in kochendem Salzwasser, das mit dem Essig gesäuert wurde, angesetzt und nach dem ersten Aufkochen abgeschäumt. Dann gibt man das Suppengrün zu und läßt das Euter ca. 3 Stunden zugedeckt weich kochen. Man kocht das Stück wegen der Kochdauer am Vortage und läßt es im Kochfond erkalten.

Das erkaltete Euterstück schneidet man in Scheiben, würzt diese mit Salz und Handmühlpfeffer und paniert sie dann in der üblichen Weise wie ein Wiener Schnitzel.

Die panierten Euterscheiben werden in der Stielpfanne in aufsteigender Butter von beiden Seiten goldbraun gebacken, angerichtet und mit Zitronenscheiben garniert.

Als Beilage gibt man neben Schwenkkartoffeln, Kartoffelsalat oder Bratkartoffeln obligat, Remouladensauce.

Es handelt sich bei diesem Essen um ein echtes Liebhaberessen aus dem Sudetenland.

Mal probieren!

Liwanzen

Eine in Sudeten und Böhmen beliebte Süßspeise.

4 Personen

450 g gesiebtes Mehl, 40 g frische zerbröckelte Hefe, 2 Tassen lauwarme Milch, 3 Eigelbe, 3 Eiweiße, 50 g Zucker, 1 Messerspitze Salz, 70 g Butter, 200 g Pflaumenmus

Die Hefe mit 1 Teel. Zucker in der lauwarmen Milch auflösen. Mehl ringförmig in der Schüssel anrichten, Eigelbe, Butter, Zukker und Salz auf dem Mehlrand verteilen.
In der Mitte in einer Vertiefung mit der Hefemilch ein Hefestück anrühren, das zugedeckt auf das Doppelte gehen muß. Nun alles zu einem Teig verarbeiten, der sich vom Schüsselrand lösen läßt. Dann die steif ausgeschlagenen Eiweiße unter die Masse verarbeiten.
Den Teig wieder zugedeckt an warmer Stelle gehen lassen, was ca. 30 Minuten währt.

Inzwischen fettet man ein Backblech mit einer Nuß Butter aus.

Von dem Teig rollt man nun Kugeln aus, die man auf das Backblech setzt und zu platten Förmchen drückt. Dazwischen Abstände von ca. 5 cm halten.

Man backt die Liwanzen im 180 Grad vorgeheizten Ofen 25 Minuten aus und bestreicht sie mit Pflaumenmus.

Es ist auch üblich, die Liwanzen statt mit Pflaumenmus mit Mohnfülle zu bestreichen.

Prager Schinken in Brotteig

Die Wiege der Berlin-Brandenburgischen Küche stand, wie man weiß, zumindest mit einer Kufe im böhmischen Raum. Schon der Churfürst von Brandenburg ließ seinen Leibkoch Hansen in Prag lernen. Bei meiner Tätigkeit als Diplomatenkoch verriet mir die Gattin des tschechoslowakischen Botschafters die Kunst der Zubereitung dieses Schinkengerichts.

Schinken in Brotteig ist bei allen größeren besonderen Festanlässen ein beliebtes Gericht geworden. Ich kann glaubhaft versichern, daß Schinken in Brotteig seit Jahren bei den Berliner Presseballen an den riesigen Kalten Buffets der Dauerrenner ist, vor dem die elegante Welt trotz der vielen anderen Delikatessen Schlange steht. Mein Bruder Küchenmeister Kurt Becker hat als Tranchierkünstler allein in einer Presseballnacht oft mehr als 60 dieser herrlichen Schinken tranchiert. Ich gab in der Botschaft dazu echtes Pilsener Urquell und Mineralwasser aus der Karlsquelle, das ich per Kurierwagen herankommen ließ, als Getränke-Adjuvans zu diesem herrlichen Essen.

Rezept:

Der mild gesalzene, nach Prager Art leicht angeräucherte Schinken wird in einem Topf, mit kaltem Wasser bedeckt, auf den Herd gesetzt, einmal aufgekocht und sogleich vom Herd genommen. Der Schinken bleibt über Nacht in diesem Fond liegen, wo er erkaltet. Er wird dadurch mild und bleibt saftig.

Am nächsten Tag läßt man den Schinken gut abtropfen, dann schlägt man ihn in gut gesäuerten Brotteig ein, den man beim Bäcker erwerben kann. Man setzt den Schinken in Brotteig auf ein Backblech, möglichst mit Rand, und backt den Schinken bei mittlerer Hitze ca. 2 bis 2 1/2 Stunden im Ofen aus.

Man ißt zu diesem Schinken entweder Kartoffelsalat nach Bauernart mit ausgebratenen Magerspeckwürfeln oder Weinkraut, Böhmische Knödel und Burgundersauce.

Weitere Beilage: Sahnemeerrettich.

Eines der schönsten Gerichte aus dem böhmisch-sudetendeutschen Raum.

Kocht Dücker hervorragend!

Als Nachtisch!

Quark-Knödeln

4 Personen

450 g Quark, Magerstufe, 75 g frische Butter, 100 g Weizengries, 1 Messerspitze Salz, 1 Eßl. Zucker; zum Begießen und Bestreuen: 50 g zerstoßenen Zwieback, 3 Eßl. Butter, 1–2 Eßl. Zimtzucker

Butter mit Zucker und Prise Salz schaumig rühren.
Den Quark in einem Tuch auspressen und unter die schaumige Buttermasse vermischen, abschließend den Gries untermischen. Die Masse so 30 Minuten ruhen und ausquellen lassen. Inzwischen setzt man den Topf mit 1 1/2 Liter Wasser und einer Prise Salz auf den Herd und bringt ihn zum Kochen.
Von dem Kloßteig sticht man mit einem Eßlöffel nußgroße Klößchen in das kochende Wasser ab und läßt diese Quarkknödeln darin 10 Minuten bei mäßiger Hitze gar ziehen.
Man hebt die Knödeln mittels Schaumkelle heraus, läßt sie gut vom Wasser abtropfen und richtet sie auf Tellern oder Platte an. Den zerstoßenen Zwieback schwenkt man auf der Pfanne kurz in heißer oder brauner Butter an und gießt ihn über die Quarkknödeln. Abschließend streut man Zimtzucker darüber, und der köstliche Nachtisch ist fertig.

Mit viel Knofel!

Rindfleisch mit Knoblauchsauce

Hierbei handelt es sich um ein überliefertes Gericht aus dem Sudetenland und Böhmen. Es wird von der Köchin eines Geistlichen berichtet, die dieses Leibgericht eines Konsistorialrats über Jahre mit solcher Liebe und Sorgfalt pflegte, daß dieser ein Alter von über 100 Jahren erlebte. Wer ihr dies nicht glauben mochte, dem empfahl sie schweren Herzens, aus der Rinderbouillon eine Dillsauce statt der Knoblauchsauce zu ziehen (Dill beruhigt). Es handelt sich bei dem Gericht um ein gekochtes Rindfleisch, das man mit einer würzigen Knoblauchsauce ißt, dazu böhmische Klöße und Salzgurken.

4 Personen

Gemüse aus dem Garten holen!

1000 g Rindfleisch, am besten vom Tafelspitz, 100 g Knollenserie, geputzt, 100 g Möhren, geputzt, 100 g Lauch, geputzt, 1 Petersilienwurzel, geputzt, 1 Zwiebel, 1 Lorbeerblatt, Salz, Pfeffer, Prise Zukker, Str. Muskat, 2 Gewürznelken, 2 Zehen ger. Knoblauch, 1/2 Zitronensaft, 1/2 Tasse saure Sahne, 45 g Butter, 45 g Mehl;
Für die Klöße: 300 g altbackenes Weißbrot in Würfeln, 1 Tasse kochende Milch, 3 ganze Eier, 150 g Mehl, Salz, Strich Muskat, 50 g Butter zum bräunen und Übergießen

Das Rindfleisch in 2 Liter leicht gesalzenen Wassers aufsetzen und bei Kochbeginn abschäumen. Dann die Gewürze, die Zwiebel und das Suppengrün zugeben, langsam weiterkochen. Wenn das Suppengrün weich ist, wieder herausnehmen, kalt abspülen. Möhren, Sellerie und Petersilienwurzel in kleine Würfel schneiden und bereitlegen.
Das Fleisch, wenn es gar ist, herausnehmen, in Scheiben schneiden und in etwas Bouillon warm legen.
Die restliche Bouillon durchsieben, auf den Herd stellen. Von 45 g Butter und 45 g Mehl eine helle Mehlschwitze herstellen, 1/4 Liter heiße Bouillon aufgießen, mit dem Schneebesen glattrühren, langsam 10 Minuten ausquellen lassen, die saure Sahne unterziehen, die Gemüsewürfel untermischen, den geriebenen Knoblauch desgleichen, abschmecken mit Salz, Pfeffer, Prise Zucker, Zitronensaft, Strich Muskat.
Man kann diese Sauce noch vervollkommnen, indem man gehackte Petersilie und geschnittenen Schnittlauch kurz vor dem Anrichten unterzieht.
Während des Kochvorgangs hat man nebenbei die Klöße folgendermaßen hergestellt:
Die Weißbrotwürfel mit der kochenden Milch übergießen, zugedeckt 10 Minuten weichen lassen, dann die Eier, das Mehl und Gewürz zugeben, alles zu einem festen Kloßteig verkneten.

Man legt die Klöße in kochendes Salzwasser, schaltet dann die Hitze zurück und läßt bei mäßiger Hitze 15 bis 20 Minuten gar ziehen.
Das Rindfleisch in Scheiben auf Teller anrichten, mit der Knoblauchsauce überziehen, je Portion 2 Klöße anlegen, diese mit Gabeln aufreißen und mit brauner Butter übergießen.

Separat auf Glastellern reicht man Scheiben von sauren Salzgurken.
Ein echtes Gericht aus Schwejks Heimat.

Sudetendeutsche Kolatschen

Diese aus dem Kulturkreis der böhmisch-tschechischen Völkerfamilie stammende Speise war auch unter den Sudetendeutschen bodenständig.

4 Personen

450 g gesiebtes Mehl, 2 Tassen lauwarme Milch, 40 g frische, zerbröckelte Hefe, 2 Eier, 125 g Butter, 60 g Zucker für den Teig, 50 g Zucker zum Bestreuen, 1 P. Vanillezucker, 200 g Pflaumenmus, 1 Eßl. gehobelte, süße Mandeln

Das Mehl ringförmig in einer Schüssel anrichten. Die Hefe mit einem Teelöffel Zucker in der Milch auflösen. Mit der Hefemilch in der Mehlmitte ein Hefestück anrühren, die übrigen Zutaten auf dem Mehlrand verteilen. Zudecken, Hefestück auf das Doppelte gehen lassen.
Pflaumenmus und Mandeln selbstredend für die Füllung beiseite legen. Das Hefestück mit den restlichen Zutaten zu einem trokkenen Hefeteig verkneten, zudecken und nochmals 30 Minuten an warmem Ort gehen lassen.
Nun den Teig ca. 3/4 cm dick ausrollen, davon Teigquadrate von 7 × 7 cm ausrollen. Diese belegt man mit einem Häufchen Pflaumenmus und etwas Mandelhobel und formt davon Kugeln, die man mit der Verschlußseite nach unten auf ein gebuttertes Backblech setzt, wo sie nochmals aufgehen sollen. Wenn dies geschehen ist, schiebt man die Kolatschen auf Mittelschiene in den vorgeheizten Ofen von ca. 180 Grad. Die Backzeit dauert ca. 30 Minuten.
Die heißen Kolatschen mit Butter bestreichen und mit Zucker bestreuen. Warm zu Tisch bringen.

Topfennudeln

Eine Leibspeis', die bei den Sudetendeutschen und Tschechen gleichermaßen beliebt ist.

4 Personen öfter mal machen.

300 g Mehl, 25 g frische Hefe, 1/2 Tasse lauwarme Milch, 100 g Quark, Magerstufe, 30 g Butter, 1–2 Eier, 1 KL Zitronensaft, 1 P. Vanillezucker, 2 Eßl. Zucker, Prise Salz;
zum Ausbacken: ca. 750 g Backfett, Schmalz oder Butterschmalz;
zur Sauce: 200 g frische Himbeeren oder Himbeerkompott aus Dosen oder Tiefkühlfrüchte, 50 g Zukker, 1 KL Speisestärke zum Binden

Die Hefe zerbröckeln und mit einer Prise Zucker in der lauwarmen Milch auflösen.
Das gesiebte Mehl in eine Schüssel geben, darin in einer Vertiefung mit der Hefemilch das Hefestück anrühren, zudecken und auf das Doppelte gehen lassen. Die übrigen Zutaten hat man auf dem Mehlrand in der Schüssel ringsum plaziert.
Nachdem das Hefestück gegangen ist, wirkt man von allen Zutaten einen trockenen Hefe-Quarkteig an. Hieraus formt man fingergroße Rollen, die man auf gemehltem Brett aufgehen läßt.
Diese Topfennudeln werden in dem heißen Fett schwimmend goldgelb ausgebacken und dann heiß serviert.
Man bestreut die Topfennudeln leicht mit Zucker und gibt gesondert in der Sauciere Himbeersaft dazu.
Man kocht die frischen Himbeeren in wenig Wasser mit dem Zucker ganz kurz ab und macht den Saft mit einem KL Stärke, in wenig Wasser angerührt, leicht sämig.

Mit Weintrauben.

Weinsauerkraut, böhmische Art

4 Personen

1000 g Sauerkraut, am besten Faßware, 100 g Gänseschmalz, 200 g Boskop-Äpfel, geschält, ohne Kerngehäuse, in dünne Scheiben geschnitten, 1 große

Zwiebel, gewürfelt, 4 zerdrückte Wacholderbeeren, 5 zerdrückte Pfefferkörner, 1 Teel. Kümmel, 150 g grüne, kernlose Weintrauben, 1 Tasse Weißwein, Salz und Zucker zum Abschmecken, 1 große geschälte und geriebene Kartoffel zum Binden

Gänsefett im Topf heiß werden lassen, darin die Apfelscheiben glasig andünsten, dann die Zwiebelwürfel darin mit anschwitzen. Nebenher hat man die Gewürze, Wacholder, Pfefferkörner, Kümmel, in 1/2 Liter Wasser 20 Minuten ausgekocht und den Sud durchgesiebt.
Das zerpflückte Sauerkraut nun in die Fettschwitze legen und mit dem Gewürzsud aufgießen, zudecken und 1 1/2 Stunde gar kochen. Zu diesem Zeitpunkt brüht man die Trauben in kochendem Wasser, gießt sie ab und zieht die Haut ab, dann werden die Trauben halbiert.
Man gießt nun den Wein an das Kraut, rührt die Weintrauben unter und rührt abschließend die geriebene Kartoffel als Bindung unter das Kraut.
Abschmecken mit Salz und Prise Zucker.
Das Kraut soll im Fond nicht zu lang sein, damit es nicht mit der Bratensauce verläuft.

Bald gibts Zwetschgen!

Zwetschgenknödel

4 Personen

800 g geschälte Kartoffeln, 40 g Butter, 200 g Mehl, 2 Eier, 300 g Zwetschgen, entsteint, 125 g Butter, 100 g Zwieback, zerstoßen, 60 g Würfelzucker, 2 Eßl. Puderzucker, Prise Salz

Die Kartoffeln, mit Salzwasser bedeckt, ca. 30 Minuten weich kochen, abgießen und gut abdämpfen lassen.
Durch die Kartoffelpresse drücken, Butter, Mehl, die zerquirlten Eier, Prise Salz und Strich Muskat zugeben und zu einer Masse abrühren.
Die leicht abgekühlte Masse auf gemehlter Platte zu einer Rolle formen und hiervon Scheiben abschneiden. Man legt nun in jede entsteinte Zwetschge ein oder zwei Stück Würfelzucker, legt

diese gefüllte Zwetschge auf eine Scheibe Kartoffelmasse und formt diese zu einem Kloß. Diese Zwetschgenknödeln wälzt man in Mehl oder noch besser in Kartoffelmehl und läßt sie bei mäßiger Hitze in leicht kochendem Salzwasser 15 Minuten vorsichtig gar ziehen.
Die gut abgetropften Zwetschgenknödeln richtet man auf Tellern an und begießt sie mit Zwiebackbröseln und Puderzucker, die man in heißer Butter in der Pfanne angeröstet hat.
In gleicher Weise stellt man auch die bekannten Marillenknödel her. Hierzu verwendet man für jeden Kloß statt der Zwetschge eine halbe Aprikose, in die man 1 Stück Würfelzucker hineinlegt.

Böhmisch-sudetendeutscher Karpfen

4 Personen

1 Karpfen, ausgenommen, von ca. 1400 g Gewicht, 1 Tasse Rotwein, 1 große Zwiebel, gewürfelt, 50 g Butter, 45 g Mehl, 1/2 l Braunbier, 1 Eßl. Kapern, 2 Sardellenfilets, gehackt, 1/2 Zitrone, geschält, das Fleisch in Spalten geschnitten, Prise Salz, 1 KL Zucker, Prise Pfeffer

Lassen Sie den Karpfen vom Händler halbieren und vierteln, so daß Sie 4 gleichmäßige Portionen erhalten.
In einer flachen Kasserolle oder Topf die Zwiebelwürfel in etwas Butter andünsten. Die Karpfenstücke mit der Haut nach oben hineinlegen, mit Salz und Pfeffer bestreuen, die Zitronenspalten und Kapern darüber streuen, den Rotwein aufgießen, zudekken und 15 bis 20 Minuten langsam gar kochen, das Bier aufgießen, nochmals aufkochen lassen.
In einem gesonderten Topf von Butter und Mehl eine blonde Einbrenne herstellen, von dem Fischsud 1/4 Liter aufgießen und mit dem Schneebesen glattrühren. Die gehackten Sardellenfilets in die Sauce geben, abschmecken mit Salz, Prise Zucker und Pfeffer.
Beilage Salzkartoffeln oder Kartoffelmus.

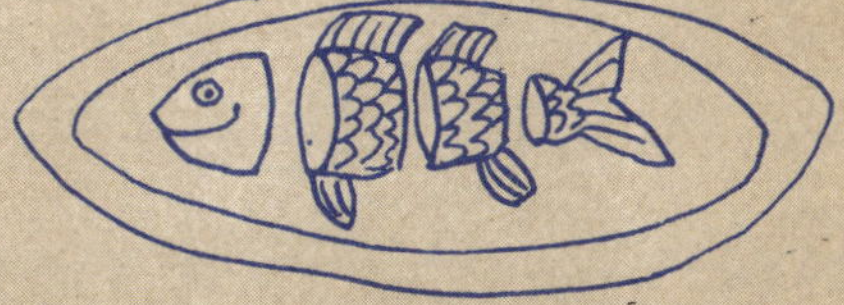

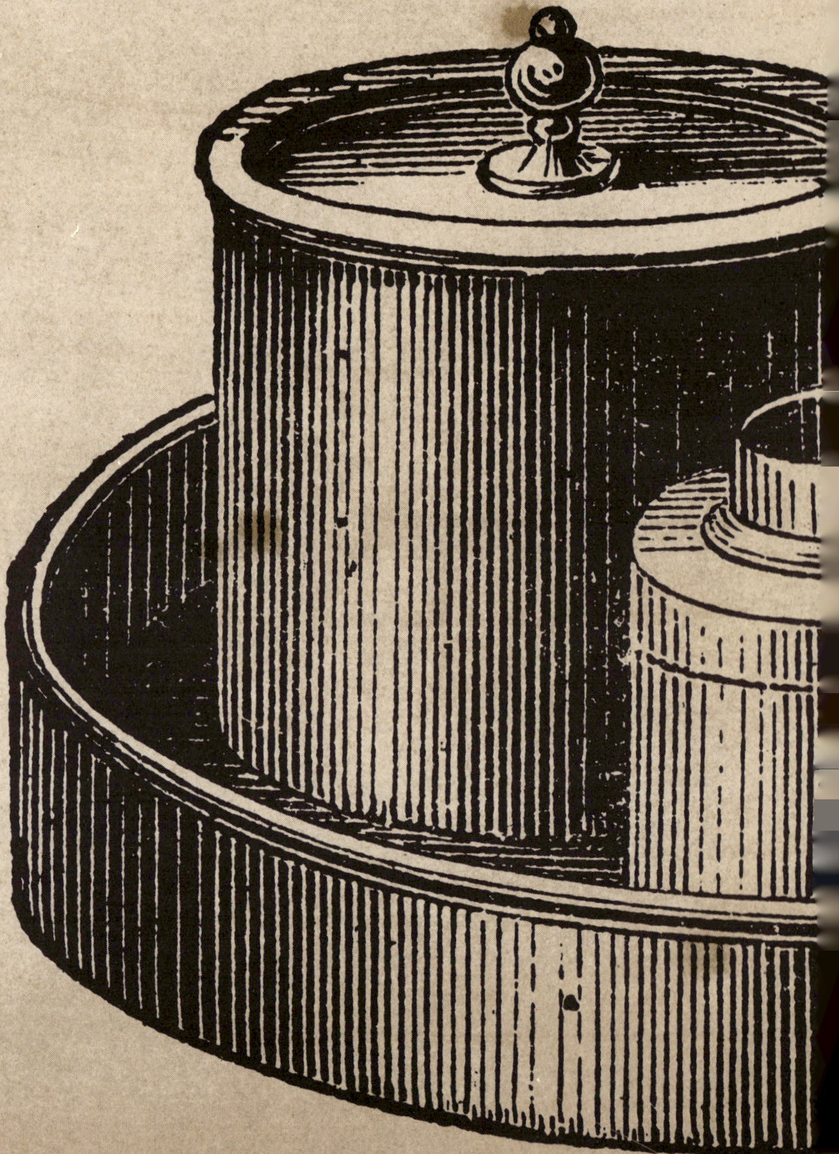

Schlesien, Ostoberschlesien und aus dem Siedlungsgebiet Siebenbürgen

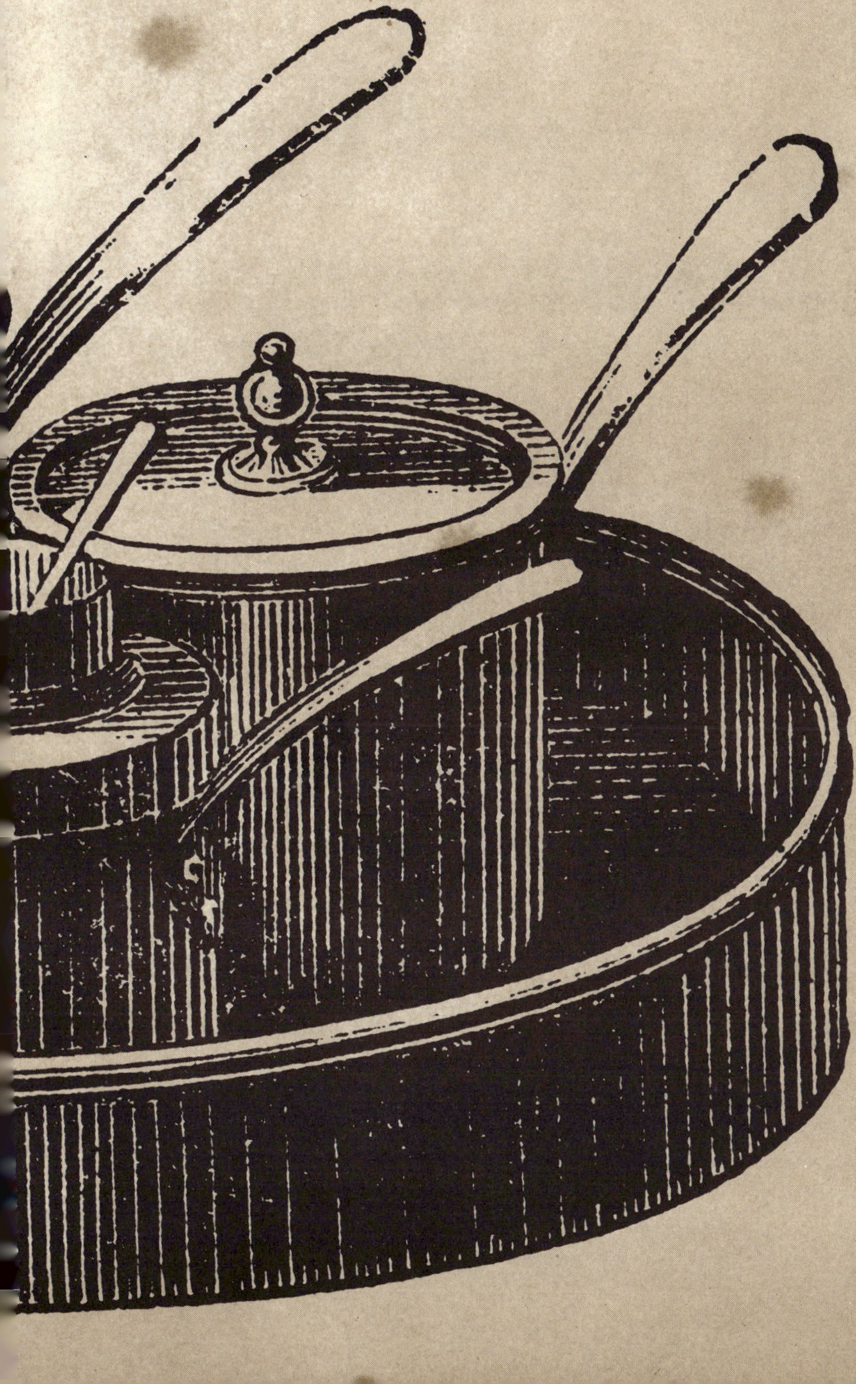

Birnen mit Schweinebauch

4 Personen

Guten Appetit!

900 g mageren Schweinebauch, 800 g Kochbirnen, 2 Eßl. Zucker, Stück Zitronenschale, Stückchen Zimt, 1 1/2 Eßl. Stärke, 150 g Knollensellerie, 2 Lorbeerblätter, 1 Eßl. Salz, 3 Pfefferkörner, 1 Zwiebel

Topf mit 1 Liter Wasser aufsetzen, zum Kochen bringen. Schweinebauch mit Sellerie, Lorbeerblättern, Salz, Pfeffer und Zwiebel einlegen, zugedeckt ca. 3/4 Stunde gar kochen lassen.
Nebenher die Birnen schälen, vierteln, Kerngehäuse ausschneiden, waschen. Birnenstücke mit wenig Wasser, Zucker, Zimt und Zitrone gar dünsten, mit der angerührten Stärke sämig binden.
Man richtet das Birnenkompott auf Tellern an und legt daneben Scheiben des gekochten Schweinebauchs.
Als Beilage eignen sich besonders Kartoffelklöße und auch Semmelklöße.

Dicke Kartoffeln

Ein Kartoffelbrei speziell schlesischer Zubereitungsart.

4 Personen

1 kg Kartoffeln, ungeschält, 3 Tassen Milch, 1 Ei, 2 mittl. Zwiebeln, gewürfelt, 125 g mageren Rauchspeck, gewürfelt, Salz und Strich Muskat

Die Kartoffeln in der Schale waschen, aufsetzen und kochen.
Die gegarten Kartoffeln abgießen und abpellen, dann zerstampfen oder durchpressen. Mit der kochenden Milch übergießen, durchrühren, dann das zerquirlte Ei unterrühren, mit Salz und Muskat würzen.

Würzt dann, dann's schmeckt.

Würfelspeck in der Pfanne anbraten, dann die Würfelzwiebel mit anrösten und die Hälfte unter die Kartoffelmasse rühren.
Den Kartoffelbrei anrichten, die restliche Menge Speck und Zwiebel über den Kartoffelbrei gießen.
Dazu passen Braten, Pfannenstücke und frische grüne Salate.

a guads Assa..

Geschmorter Schweinebauch mit Hefeklößen

4 Personen

1 kg mageren Schweinebauch, 100 g Wurzelwerk, Möhre, Knollensellerie, Zwiebel, 1 KL Tomatenmark, 1 Teel. Kümmel, gehackt, Salz und Pfeffer, 40 g Schmalz, 1 Teel. Mehl, 1 Teel. Stärke

Im Unterschied zum Schwärtelbraten stellt man bei diesem Braten keine knackige Schweinskruste her, vielmehr wird die Schwarte weich geschmort.
Fleisch salzen und pfeffern, Fett heiß werden lassen. Fleisch allseitig darin anbraten, das gesäuberte, grob geschnittene Wurzelwerk zugeben und mit anrösten lassen. Abschließend das Tomatenmark unter öfterem Umrühren mit anrösten lassen. Braten dann ablöschen, gut $1/4$ Liter Wasser angießen und den Bauch darin weichschmoren lassen. Herausnehmen, die Bauchrippen ziehen, in Scheiben schneiden und diese am Herd warm legen.
Die Sauce passieren, Mehl und Stärke zusammen mit etwas Wasser anrühren und die Sauce damit andicken, mit Salz und Pfeffer würzen.
Beilage Hefeklöße. Rezept für Hefeklöße unter der Beschreibung »Hefeklöße mit Backobst«.

Hagebuttensuppe

4 Personen

400 g frische Hagebutten, Stück ungespritzte Zitronenschale, 50 g Zucker, $1/2$ Tasse Rotwein, 3 Eßl. Semmelmehl, 40 g Butter, Prise Salz, 40 g Mehl

Hagebutten gut waschen, Stiele und Blüten entfernen. Hagebutten in 1 Liter kochendem Wasser mit Prise Salz, Zucker und Zitronenschale aufsetzen, 45 Minuten kochen.
Alles durch ein Sieb gießen, Hagebuttenmark durchdrücken, den Fond dann wieder aufsetzen, zum Kochen bringen, Mehl mit etwas Wasser anrühren und bei ständigem Rühren die Suppe damit eindicken. Zurückziehen, Rotwein untermischen, geschmacklich prüfen.
Semmelmehl in Butter anrösten und ebenfalls unter die Suppe verrühren.
In Schlesien ißt man dazu Weißbrotscheiben oder Röstbrot, mit frischer Landbutter bestrichen.

Hecht, schlesische Art

4 Personen a Kloßschüssel uffn Tisch!

1000–1200 g Hecht, ohne Kopf, geschuppt, gesäubert, 3 Eßl. Essig, 150 g Suppengrün, geputzt und grob geschnitten (Möhre, Knollensellerie, Lauch), 1 Lorbeerblatt, 4 Gewürzkörner, 60 g Semmelmehl, 40 g Meerrettich, gerieben, 100 g Butter, Salz

Hecht in 4 gleichmäßige Portionen schneiden.
Topf mit 1 ½ Liter Salzwasser aufsetzen, Essig, Suppengrün, Lorbeerblatt und Gewürzkörner zugeben, 10 Minuten kochen lassen. Dann die Hechtstücke in den Sud einlegen und darin 15 Minuten langsam gar kochen lassen.
Die Hechtstücke mit dem Schaumlöffel herausheben, gut abtropfen lassen, auf Teller legen, mit geriebenem Meerrettich und Semmelbrösel bestreuen und die gebräunte Butter darüber gießen.
Salatblatt mit Zitronenecke anlegen.
Der Schlesier ißt dazu Salzkartoffeln, auch Kartoffelbrei oder seine geliebten Klöße.
Weitere Beilagemöglichkeit: frische Salate.

Hefeklöße mit Backobst

Eines der beliebtesten Schlesiergerichte, das auch in Berlin, der alten deutschen Hauptstadt, populär wurde. Es ist die Vorstufe zum »Schlesischen Himmelreich«. Man ißt Hefeklöße in Schlesien auch mit Pflaumensauce, natürlich besonders zur Erntezeit.

In Milch kochen! 4 Personen

350 g Backobst, eingeweicht, 50 g Zucker, Stückchen Zimt, 1/2 Eßl. geriebenesFischbrot oder Stärke;
zu den Hefeklößen: 500 g gesiebtes Mehl, 2 Eier, 1/4 l Milch, 40 g Zucker, Prise Salz, Strich Muskat, 60 g Butter, 40 g frische Hefe;
zum Beträufeln der Klöße: 50 g Butter, 2 Eßl. Reibebrot

Hefe in der lauwarmen Milch auflösen. Mehl in der Schüssel zu einem Kranz legen, in der Mitte das Hefestück anrühren, Eier, Butter, Zucker und Gewürz auf den Rand legen, zudecken, Hefestück auf das Doppelte gehen lassen. Alles zu einem Teig verkneten, zudecken, nochmals aufgehen lassen. Wieder zusammenschlagen, dann runde Klöße formen, auf gemehltem Holzbrett gehen lassen und dann dieselben in kochendem Salzwasser 5 Minuten auf der einen und 5 Minuten auf der anderen Seite kochen lassen.
Nebenher das Backobst mit dem Einweichwasser gar kochen. Mit Zucker und Zimt, abschließend mit geriebenem Fischbrot oder angerührter Stärke binden.
Klöße auf Teller anrichten und Portion warmes Backobst anlegen. Das Reibebrot in der Butter anschwitzen und über die Klöße geben.
Es ist auch üblich, die Hefeklöße in Milch zukochen.

Hühnerragout im Blätterteigpastetchen

4 Personen

350 g gekochtes Huhnfleisch, gewürfelt, 1 × 1 cm, 150 g gekochte Champignons, gewürfelt, 1 Tasse Hühnerbrühe, 1/2 Tasse Weißwein, 1/2 Tasse süße

Sahne, 1 Eigelb, Salz, Pfeffer, Prise Zucker, Zitronensaft, 4 Blätterteigpasteten, 50 Butter, 40 g Mehl

Von Butter und Mehl eine helle Mehlschwitze herstellen und mit der heißen Brühe auffüllen, mit Schneebesen glattrühren. Das gewürfelte Huhnfleisch und Champignons in die Sauce geben und mit Holzlöffel am Boden rühren, alles gut erhitzen. Weißwein unterziehen.
Nebenher das Eigelb in der Sahne zerquirlen und abschließend das feine Ragout damit legieren.
Mit Salz, Pfeffer, Zucker und Zitronensaft pikant abschmecken. Die Blätterteigpasteten in der Röhre vorwärmen und mit dem Hühnerragout füllen, Blätterteigdeckel aufsetzen.
Auf Teller anrichten, Salatblatt mit Zitronenecke anlegen.

Kartoffelsalat, schlesisch

4 Personen

700 g kalte, abgekochte, gepellte Pellkartoffeln, 2 Stck. Salzheringe, am Vortage wässern, 1 Zwiebel, feingewürfelt, 2 Äpfel, 2 Salzgurken, Salz, Pfeffer, Kräuteressig, 100 g Magerspeck, gewürfelt

Die Kartoffeln in Scheiben schneiden. Die entgräteten, enthäuteten Heringe filetieren und in Streifen schneiden. Apfel ausstechen, schälen und in Würfel schneiden. Die Gurken schälen und in Würfel schneiden.
Alle Zutaten zusammen vermischen und mit Salz, Pfeffer, Essig und Zucker herzhaft abschmecken.
Abschließend den Würfelspeck in der Pfanne anrösten, über den Salat schütten und unterheben.
Man ißt in Schlesien den Kartoffelsalat sowohl warm als auch kalt. Beliebte Beilage dazu heiße Würstchen und – natürlich erraten – Breslauer!

Kraut, Klausenburger Art

4 Personen

400 g Schweinefleisch, durchwachsen, durch mittl. Wolfscheibe gedreht, 400 g Sauerkraut, grob zerhackt, 1 Eßl. geschnittener Dill, 400 g kernig gekochter Reis, 60 g Butter, 1 Zwiebel, gewürfelt, 1/4 l saure Sahne, Salz Pfeffer, Rosenpaprika, edelsüß; zur Polentabeilage: 190 g Maismehl, 3/4 l Wasser, 10 g Salz, 50 g Butter, 60 g geriebener Parmesankäse

Zwiebelwürfel in 40 g Butter anbraten, Schweinsgehäck dazugeben, öfter umrühren und scharf anbraten, mit Salz, Pfeffer und Rosenpaprika würzen, zurückziehen. Sauerkraut mit dem geschnittenen Dill vermischen.
Auflaufform mit 20 g Butter ausfetten, lagenweise abwechselnd einfüllen, Fleisch, Reis, Sauerkraut. Mit einer Schicht Sauerkraut abschließen, den Sauerrahm darüber gießen, mit Rosenpaprika bestreuen, im vorgeheizten Ofen bei 200 Grad ca. 50 Minuten abbacken.
Zuvor oder nebenher die Polenta herstellen: Wasser mit Salz zun Kochen bringen, Maismehl einrieseln lassen, dabei mit dem Schneebesen rühren, Butter und Parmesankäse unterrühren, zurückziehen. Masse auf gefettetes Blech gießen, glatt streichen, erkalten lassen, dann in beliebiger Form Schnitten davon ausschneiden, die man in heißer Butter beidseitig brät.
Man gibt die Polentaschnitten mit dem Klausenburger Krautauflauf zu Tisch.

Räuchfleck, Zipser (Siebenbürgen)

In der Zipser Landschaft war es Brauch, wenn Brot gebacken wurde, von gesäuertem Brotteig runde flache Brotfladen auszubacken.

4 Personen

800 g gesäuerter Brotteig

Den Brotteig in 8 gleichmäßige Portionen teilen und davon 8

runde Fladen herstellen, die man im vorgeheizten Ofen ausbackt.
Es war Siebenbürger Mode, die heißen Brotkuchen mit frischer Landbutter zu bestreichen und so zu essen.
Man zerpflückte auch die Brotfladen in einem tiefen Teller oder in einer Suppenschale, übergoß sie mit Krautsuppe und rührte noch etwas Leinöl unter die Suppe.

asst ihr Leutla sust kriegus die Säu.

Oberschlesischer Bigosch

Ein herzhaft-kräftiges Gericht aus Ostoberschlesien. In schlesischer Mundart kann man dazu sagen:

»Ma soll nie mehr assa, oas ma mit Gwalt nunderkriegt.«

4 Personen

700 g Schweinebauch, 100 g Magerspeck, 450 g Sauerkraut, am besten Faßkraut, 600 g geschälte Kartoffeln, Salz, handgemühlter Pfeffer, eine Prise Zucker, 60 g Schmalz

Schweinebauch in Würfel von ca. 3,5 × 3,5 cm schneiden, in gleichen den abgehäuteten Magerspeck.
Schweinebauchwürfel salzen und pfeffern, Schmalz in Topf oder Kasserolle heiß werden lassen und die Fleischwürfel darin unter Umrühren anbräunen lassen. Anschließend mit Wasser bedeckt auffüllen, das zerpflückte Kraut zusetzen und alles zugedeckt 30 Minuten schmoren lassen.
Nebenher die geschälten Kartoffeln in 1 ½ cm dicke Scheiben schneiden und diese in Salzwasser abkochen und abgießen.
Wenn Kraut und Fleisch geschmort haben, auch die gekochten Kartoffelscheiben zugeben und umrühren. Alles zusammen nochmals 20 Minuten bei mäßiger Hitze schmoren lassen. Mit Salz, Pfeffer und Prise Zucker würzen.
In Schüssel anrichten und servieren.

Quark mit Leinöl und Pellkartoffeln

Dieses Gericht aus Schlesien gibt es auch in Berlin. Um die Jahrhundertwende brachten es schlesische Zuwanderer, wie so vieles andere, mit in die damalige deutsche Hauptstadt.

4 Personen

1 kg gewaschene Kartoffeln, kleine runde, 1 Eßl. Salz, 1 KL Kümmel, 500 g Quark, Magerstufe, 2 Zwiebel, gewürfelt, 3 Eßl. Spreewälder Leinöl, 3 Eßl. süße Sahne, 60 g Butter, Salz, Handmühlpfeffer

Die Kartoffeln mit Salz und Kümmel aufsetzen und gar kochen. Währenddessen den Quark mit der Sahne, mit Salz und Pfeffer anrühren und abschmecken.
Auf 4 Tellern vier gleichgroße Portionen anrichten, und in der Mitte jeder Portion mit dem Eßlöffel eine Delle eindrücken. Darin die Würfelzwiebel einlegen und mit Leinöl begießen. Prise handgemühlten Pfeffer darüber streuen.
Sobald die Kartoffeln gar sind, abgießen und abpellen.
Die gepellten Kartoffeln in der Butter anschwenken und zu den Quarkportionen anlegen.
Nach Belieben die Quarkteller garnieren, mit Salatblatt, Tomate, Gurkenscheiben, Radieschen etc.

dazu ein Kornbranntwein!

Siebenbürger Holzfleisch

4 Personen

4 Scheiben Schweinekamm ohne Knochen, je 175 g, 4 Scheiben geräucherten Magerspeck, mit Schwarte, dick geschnitten, 200 g Rettichscheiben, 200 g Salatgurkenscheiben, 4 Tomaten in Scheiben, 4 kl. Petersiliensträußchen, 4 Scheiben kerniges Landbrot

Es ist zunächst zu bemerken, daß man in Siebenbürgen das Fleisch auf dem Holzkohlerost bereitet. Man kann sich mit dem Ofenrost oder Ofengrill behelfen.
Die Nackensteaks salzen und mit handgemühltem Pfeffer würzen, auf dem Rost unter dem Grill von beiden Seiten schön braun und gut durchbraten.
Nebenher die Schwartenkanten der Speckscheiben nebeneinan-

der einritzen oder einschneiden, damit sie sich beim Rösten kringeln. Die so behandelten Speckscheiben ebenfalls auf dem Rost rösten.
Die gebratenen Steaks auf Holzteller anrichten, die gekringelt gerösteten Speckscheiben auf die Steaks legen.
Salatblatt anlegen, darauf die Scheiben von Gurke, Rettich und Tomate, die man zuvor gesalzen und gepfeffert hat, obenauf ein kleines Petersiliensträußchen.
Man ißt dazu eine Scheibe kernigen bäuerlichen Landbrots, das im Steinofen gebacken wurde.

Siebenbürger Krautwickel

4 Personen

1 kleiner Weißkohlkopf von ca. 1000 g Gewicht, 500 g Sauerkohl, 2 Zwiebeln, in Scheiben geschnitten, 70 g ger. Magerspeck, 500 g Schweinefleisch, durch mittl. Wolfscheibe drehen, 1 Tasse körnigen, abgekochten Reis, 60 g Butter, 2 Tassen saure Sahne, Salz und handgemühlten Pfeffer

Wenn Sie das Originalgericht haben wollen, dann machen Sie es so: Den Kohlkopf putzen, mit spitzem Messer den Strunk ausschneiden. Kohlkopf ganz oder aufgeteilt in ganze Blätter in einen Steintopf legen, mit 50 g Salz bestreuen und das zerpflückte Sauerkraut darüber legen. Alles mit einem Teller oder Holzbrett beschweren. Den Kohlkopf so 3 bis 4 Tage säuern lassen.
Den gewürfelten Magerspeck in der Pfanne anbraten, dann die Zwiebelscheiben darin kurz mit anschwitzen, abkühlen lassen, beides zum Schweinsgehäck geben und mit Salz und Pfeffer zu einer Hackmasse verkneten. Weißkohl aus dem Topf nehmen, die Blätter unter kaltem Wasser etwas abspülen, abtropfen lassen und auf dem Küchentisch zu 4 Portionen ausbreiten. Den körnigen Reis unter das Schweinsgehäck mischen und davon 4 Portionen auf die Kohlblätter legen. Zu 4 Krautwickeln rollen, diese binden oder mit Holzspeilern feststecken. In flachem Topf oder Ofenpfanne die Butter aufsteigen lassen, die Krautwickel

einlegen, Kohlblattreste klein schneiden und in den Topf mit einlegen. In vorgeheiztem Ofen von 180–200 Grad bräunen und gar schmoren lassen. Wenn die Krautwickel gar sind, mit der sauren Sahne übergießen und servieren. Als Beilage eignen sich Kartoffelmus, Kartoffelklöße der verschiedensten Zubereitungsart und natürlich auch Salzkartoffeln.
Das verbleibende Sauerkraut kann zu weiteren Mahlzeiten Verwendung finden.

Schood Klüss wor ko nimmer..

Schlesisches Heringshäckerle

4 Personen

4 Salzheringe, gewässert, enthäutet und entgrätet, 100 g Magerspeck, geräuchert, 2 große oder 3 kleine Zwiebeln, 100 g Butter, geschmeidig gerührt

Magerspeck und Zwiebeln in feine Würfelchen schneiden, desgleichen die Heringsfilets. Alle 3 Zutaten miteinander vermischen, abschließend die schaumig gerührte Butter unter das Heringshäckerle vermischen.
Man ißt in Schlesien Pellkartoffeln zu diesem Heringshäckerle oder auch eine Scheibe Landbrot, und, wer's mag, nimmt noch eine Salzgurke dazu.

Schlesisches Himmelreich

Die absolute Spitze aus der schlesischen Heimatküche! Das Gericht wurde auch in der Hauptstadt Berlin populär. Die Gedanken gehen dabei zurück an den Zopten, die Schneekoppe, Schreiberhau, Breslau, Oppeln, Liegnitz und auch an Leuthen.

4 Personen

600 g Rauchfleisch oder Rauchspeck, mager, 250 g Mischbackobst, 2 Eßl. Zucker, 1/2 Eßl. Stärke, 500 g gesiebtes Mehl, 2 Eier, 1/4 l Milch, 40 g Zucker, Prise Salz, Strich Muskat, 60 g Butter, 40 g fr. Hefe

Rauchfleisch oder Magerspeck in kochendem Wasser mit 1 Gewürzkorn und halbem Lorbeerblatt, 1 kleinen geschälten Zwiebel, zugedeckt, weich gekocht.
Nebenher das eingeweichte Backobst mit dem Einweichwasser und 2 Eßl. Zucker weich kochen, abschließend mit angerührter Stärke sämig binden.
Während des Kochvorgangs den Kloßteig richten:
Hefe in der lauwarmen Milch auflösen, Mehl in eine Schüssel geben. In der Mitte eine Vertiefung anrichten, darin das Hefestück mit der Milchhefe anrühren, auf dem Mehlrande die Zutaten Eier, Butter, Zucker, Prise Salz, Strich Muskat ablegen, zudecken, Hefestück auf das Doppelte gehen lassen. Dann alles zu einem Teig verkneten, zudecken, 40 Minuten gehen lassen, dann von dem Teig runde Klöße formen, auf Holzbrett legen, zudecken und nochmals gehen lassen.
In einem breiten Topf mit flachem Wasserstand (Prise Salz) die gegangenen Hefeklöße in das mäßig kochende Wasser einlegen, zudecken, 5 Minuten ziehen lassen, wenden und nochmals 5 Minuten ziehen lassen.
Rauchfleisch in Scheiben schneiden, Scheibe auf Teller anrichten, dazu eine Portion warmes Backobst anlegen und zwei Hefeklöße. Die Hefeklöße kann man mit zerlassener Butter beträufeln.

Schlesischer Kalbfleischauflauf

4 Personen

700 g abgekochtes Kalbfleisch, Brust, Kamm oder Blatt, 150 g gekochte Waldpilze oder Champignons, 1 kleiner Blumenkohl, 75 g Butter, 40 g Mehl, 2 Eigelbe, 2 Eiweiße, steif geschlagen, 1/2 Tasse süße Sahne, Salz, Pfeffer, Muskat, 20 g Reibekäse

Den Blumenkohl putzen, waschen, in Rös'chen schneiden. Diese in Wasser gar kochen, erst salzen nach dem Garen, sonst wird er rot.
Nebenher das Kalbfleisch in feine Würfelchen oder Streifchen schneiden, ebenfalls die gekochten Pilze.

Von 50 g Butter und dem Mehl eine helle Einbrenne im Topf herstellen. Von der Blumenkohlbrühe und dem Pilzfond so viel aufgießen, daß eine dickliche Sauce entsteht, dabei mit dem Schneebesen glattrühren. Mit Salz, Pfeffer und Zucker herzhaft würzen, die zerquirlten Eigelbe mit der Sahne anrühren und damit die Sauce binden. Die gut abgetropften Zutaten, Fleisch, Blumenkohl, Pilze in die Sauce schütten und umrühren.
Als letztes die steif geschlagenen Eiweiße unter das Ragout heben, alles in eine feuerfeste Auflaufform schütten.
Obenauf mit Reibekäse bestreuen und mit Butterflöckchen belegen. Im vorgeheizten Ofen ca. 15 Minuten überbacken. Beilage frische Salate.

Ohne Kließla müßt i fei zugrundging.

Schlesische Kümmelklöße

4 Personen

10 altbackene Brötchen, 2 Eier, 2 1/2 Tassen Milch, 2 Teel Kümmel, fein gehackt, 1 Teel. Salz, Strich Muskat, 1 Zwiebel, fein gewürfelt, 40 g Butter

Die Brötchen in Würfel schneiden, in eine Schüssel geben, mit den Gewürzen bestreuen, mit kochender Milch übergießen, zudecken, weichen lassen.
Die Zwiebelwürfel in der Butterpfanne goldgelb anschwitzen, über die Semmelwürfel gießen, die zerquirlten Eier darüber, und alles zu einem festen Kloßteig verarbeiten.
Einen Topf mit ca. 1 1/2 bis 2 Liter Salzwasser aufsetzen, zum Kochen bringen, mit nassen Händen runde Klöße formen und bei mäßiger Hitze im Wasser 15–20 Minuten gar ziehen lassen.
Die Klöße eignen sich als Beilage zu jedem Braten und auch zu Wild.

Schlesische Mohnklöße

Sie haben sich durch zugewanderte Schlesier auch im Berlin des vorigen Jahrhunderts eingebürgert. Hier unter dem Namen Mohnpielen bekannt, der Schlesier sagt »Mohkließla«. Man ißt die Speise vorzugsweise Heiligabend und zu Sylvester. Soviel Körner, soviel Glück soll das Neue Jahr bringen. Es sind nicht eigentlich Klöße, wie man aus dem Rezept ersieht.

4 Personen

3 altbackene Brötchen, 60 g Zucker, 1 l Milch, 250 g dunkler Mohn, gemahlen, 60 g Rosinen, 60 g süße Mandeln, gehobelt oder gestiftelt, 200 g Zukker

Die Brötchen in daumendicke Scheiben schneiden, in eine Schüssel legen, 50 g Zucker darüber streuen und mit einem halben Liter Milch übergießen. Durchweichen lassen.

Die restliche Milch zum Kochen bringen. Mit 200 g Zucker, den Rosinen und dem gemahlenen Mohn 10 Minuten langsam kochen lassen. Dabei mit dem Holzlöffel am Boden rühren.

Die gequollene Mohnmasse und die geweichten Brötchenscheiben nun lagenweise abwechselnd in einer Tafelschüssel anrichten: eine Schicht Brötchen – eine Schicht Mohn, bis alles verbraucht ist.
Als letztes soll obenauf eine Schicht Mohn liegen, die man mit den Mandelsplittern bestreut.
Es ist Brauch, Glühwein dazu zu reichen.
Man setzt Glasteller ein. Jeder Gast nimmt sich die gewünschte Portion »Mohkließla«.

Glühwein dazu!

Schlesische Plinsen

Eine köstliche Verfeinerung der in deutschen Landen bekannten Eierpfannkuchen. Die Schlesier sind und waren herzhafte Esser.

4 Personen

200 g gesiebtes Mehl, 5 Eier, 1/4 l Milch, 50 g Butter, 1/2 Teel. Salz;
zur Füllung: 1/4 l süße Sahne, steif geschlagen, 1 Päckchen Vanillezucker, 2 Eßl. Zucker;
zum Begießen der Plinsen: 50 g braune Butter und 50 g Zucker

Mehl in der Milch glatt anrühren, Salz und die zerquirlten Eier unterschlagen.
Nebenher die Sahne steif ausschlagen, mit Vanillezucker und klarem Zucker süßen, bereithalten.
Von der Eierkuchenmasse in heißer Butterpfanne große Plinsen beidseitig goldgelb ausbacken.
Man legt eine Plinse auf den Teller, streicht eine Schicht Schlagrahm darüber, darauf wieder eine Plinse, streicht wieder Schlagrahm darüber und deckt oben mit einer Plinse ab.
Man streut Feinzucker darüber, begießt mit brauner Butter und bringt die Plinsen so zu Tisch.

Schlesische Sauerampfersuppe mit verlor'nen Eiern

4 Personen

400 g Sauerampfer, 0,8 l Fleischbrühe, 45 g Butter, 35 g Mehl, 2 Eigelbe, 1/2 Tasse saure Sahne, 1 Zwiebel, gewürfelt, Salz, Pfeffer, Strich Muskat, Prise Zucker, 4 Eier als Einlage

Den Sauerampfer verlesen, waschen, abtropfen lassen.
Einen Topf mit Salzwasser aufstellen. Bei Kochbeginn den Sauerampfer einlegen, bis die Blätter zusammenfallen, dann sofort auf Sieb abgießen, kalt abspülen und auf dem Brett hacken oder durch mittlere Wolfscheibe drehen.
Die Zwiebelwürfel in der Butter glasig anschwitzen, mit Mehl abstäuben und mit der Brühe auffüllen, dabei mit dem Schneebesen glattrühren.
Den zerkleinerten Sauerampfer in die Suppe geben und unter gelegentlichem Umrühren 10 Minuten langsam kochen lassen.
Das zerquirlte Eigelb in der Sahne verrühren und abschließend die Suppe damit legieren, sofort zurückziehen.
Abschmecken mit Salz, Pfeffer, Prise Zucker, Strich Muskat.
Nebenher hat man einen Topf mit 1/2 Liter Wasser, 1/2 Eßl. Salz und 4 Eßl. Essig aufgesetzt, den man zum Kochen bringt. Man schlägt darin nacheinander die 4 Eier aus der Schale ein, die man 5 Minuten kochen läßt.

Supp macht Woompsa.

Man serviert die heiße Suppe in Terrine oder Tassen und legt darin die verlorenen Eier als Einlage ein.

Schlesische Sauerkrautsuppe

4 Personen

1 l gute Rindfleischbrühe, 200 g Sauerkraut, 1 Tasse saure Sahne, 200 g gekochtes Rindfleisch, 50 g Butter, 40 g Mehl, Salz, Prise Pfeffer, Prise Zucker

Sauerkraut zerpflücken. Falls zu sauer, leicht abspülen. In die Brühe geben und darin 30 bis 40 Minuten zugedeckt kochen.
Von Butter und Mehl eine helle Schwitze herstellen und die Sauerkrautsuppe damit andicken, 5 Minuten quellen lassen, dann die saure Sahne unterrühren, abschmecken.
Zum Schluß die Rindfleischscheiben einlegen und umrühren.
Nach Belieben auch etwas gehackten Kümmel verwenden.
In Terrine heiß servieren.

Schleie nach schlesischer Art

Ein echt schlesisches Fischgericht, das so richtig den herbschönen Charakter dieser verlorengegangenen deutschen Provinz und seiner ehemals deutschen Bewohner widerspiegelt. Möge auch dieses Rezept dazu beitragen, urdeutsche Landesküche für unsere Nachkommen in der Erinnerung wachzuhalten.

4 Personen

4 Portions-Schleie, ausgenommen, gesäubert. Das Rückgrat brechen, um Verbrennungen beim Einlegen der Fische zu vermeiden. 200 g Wurzelgemüse; Knollensellerie, Petersilienwurzel, Lauch, Möhre, Zwiebel, geputzt, grob zerkleinert, 1/2 l Küchenweißwein, 1 Tasse süße Sahne, 3 Eigelbe, 2 Eßl. Petersilie, Salz, Pfeffer, Zitronensaft

Das Wurzelgemüse in einem Topf 10 Minuten ankochen, dann dann den Weißwein zugießen, salzen, wieder aufkochen, und die

Schleien mit dem Kopf nach unten einzeln in den Sud langsam einrutschen lassen, zudecken und während 15–20 Minuten gar ziehen lassen.

Die Fische sind gar, wenn sich die Flossen ziehen lassen. Den Fischkocher von der Platte zurückziehen, 1/4 Liter des Fischsuds in einen gesonderten Saucentopf durchgießen und zum Kochen bringen. Nebenher die Eigelbe in der Sahne zerquirlen und den Fischsud damit unter Rühren eindicken. Sofort zurückziehen, damit das Eigelb nicht gerinnt. Mit Salz, Pfeffer und Zitronensaft würzen, die gehackte Petersilie untermischen.

Die gut abgetropften heißen Schleie auf Teller oder Platte anrichten, die Haut abziehen und mit der schlesischen Petersiliensauce bedecken. Dazu passen Butterkartoffeln und Salate.

Schlesischer Schwärtelbraten

4 Personen

900 g Schweinebraten mit Schwarte – vom Vorderschinken, Hinterschinken oder vom Rücken mit Schwarte, 1 Mohrrübe, 1 Stck. Knollensellerie, 2 Zwiebeln, 1 Lorbeerblatt, 4 Gewürzkörner, zerstoßen, 5 Pfefferkörner, zerstoßen, 1 KL Kümmel, gehackt, Salz, Pfeffer, 1 Eßl. Mehl

Sonntagsessen

Schweinebratenstück salzen und pfeffern, in eine Ofenpfanne legen, mit wenig Wasser angießen. Die Schwartenseite nach unten legen.

Die Pfanne in den vorgeheizten Ofen von ca. 200 Grad schieben.

Nach ca. 15 bis 20 Minuten das Bratenstück drehen, so daß die Schwarte nach oben kommt. Mit scharfem Küchenmesser die erweichte Schwarte gitterförmig einritzen. Ofen wieder schließen. Sobald alles Wasser verdunstet ist und der Röstvorgang beginnt, das geputzte, gesäuberte, grob geschnittene Wurzelwerk mit den Gewürzen zugeben und unter öfterem Rühren mit dem Holzlöffel anrösten lassen.

Danach wieder mit ca. 3/8 Liter Wasser angießen.

Den Braten öfter begießen. Sofern die Oberhitze zu stark bräunt, zurückschalten auf Unterhitze.
Je nach Alter des Tieres nimmt der Bratvorgang 1 bis 1 ½ Stunden in Anspruch.
Kurz vor dem Garwerden Salz in etwas Wasser auflösen und die Schwarte mit dem Salzwasser bepinseln, dann nur noch Oberhitze anstellen, damit die Schwarte recht knusprig wird. Abschließend die Sauce mit dem angerührten Mehl binden, abschmecken und durchsieben.
Zum Schwärtelbraten eignen sich am besten Rotkohl und Kartoffelklöße von rohen Kartoffeln.

Schlesische Quarkklöße

»Quarkkliaßla« im schlesischen Volksmund genannt, erscheinen wie ein Pendant zu den sächsischen Quarkkeulchen, wie man überhaupt viele Artverwandtheiten in den süddeutschen Volksgruppen untereinander feststellen kann.

4 Personen un wird gegessa un getrunka

400 g gesiebtes Mehl, 400 g Quark, Magerstufe,
100 g Butter, 100 g Zucker, 1 ½ Tassen Milch,
45 g frische Hefe, 2 Eigelbe, ½ Teel. Salz;
Kloßfüllung: 1 großer Apfel, 125 g Rosinen, 80 g geriebene Nüsse, 50 g Zucker;
zum Klößeguß: 2 Eßl. Zimtzucker, 50 g Butter

Den Apfel schälen, Kerngehäuse ausstechen, den Apfel in kleine Würfel schneiden, mit Rosinen, Reibenüssen und Zucker mischen.
Mehl ringförmig in eine Schüssel tun, Hefe in lauwarmer Milch auflösen, in der Mehlmitte ein Hefestück anrühren. An den Rändern Zucker, Eigelbe, Salz, Butterflocken und den durchgepreßten Quark legen, zudecken, Hefestück auf das Doppelte gehen lassen. Dann alles zu einem festen Teig verarbeiten, der trocken sein muß. Den Teig zugedeckt ca. ¾ Stunde gehen lassen. Den Teig nun ausrollen, mit einem runden Ausstecher Plätzchen von 1 ½ cm Dicke und 7 cm Durchmesser ausstechen. Auf

jedes Plätzchen von der Füllung ein Häufchen legen, die Ränder mit Wasser oder Eigelb bestreichen und darauf ein freies Plätzchen festdrücken. Abgedeckt mit einem Tuch nochmals 30 Minuten gehen lassen. Nebenher einen breiten Topf mit Salzwasser zum Kochen bringen (Wasser nur flach einfüllen). Darin nebeneinander die gegangenen Klöße einlegen, zudecken, bei mäßiger Hitze 15 Minuten garen lassen.
Die fertigen Quarkklöße richtet man an, bestreut sie mit Zimtzucker und gießt braune oder zerlassene Butter darüber. Als Beilage dazu gibt man Pflaumenkompott, sämig angedickt und warm.

Notizen & weitere Rezepte:

Notizen & weitere Rezepte:

Notizen & weitere Rezepte:

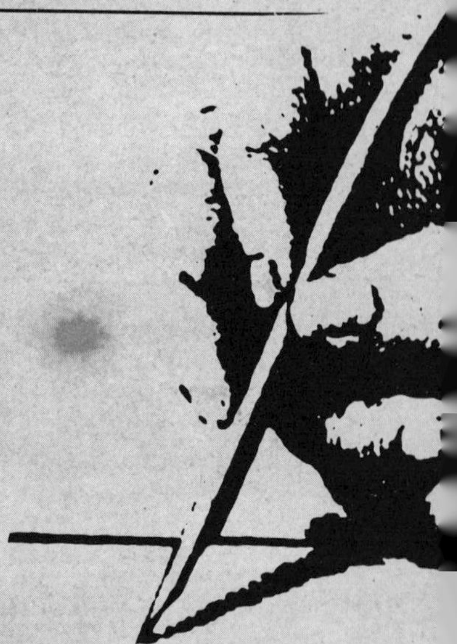

Essen und Trinken hält Leib und Seele beisammen

Inhalt

7. Heimatgerichte aus dem Sudetenland

8. Leibgerichte aus Schlesien, Ostoberschlesien und Siebenbürgen

Notizen & weitere Rezepte:

Liebe Leserin, lieber Leser,

als wir vor zweieinhalb Jahren das „Kochbuch aus dem Münsterland" machten, ahnten wir nicht, welche Resonanz ein landschaftsbezogenes Kochbuch mit den bodenständigen Rezepten unserer Eltern und Großeltern haben kann. Nun, die Resonanz hat eine Reihe mit nun 17 Titeln hervorgebracht.

Bei der Arbeit an diesen Kochbüchern westdeutscher Landschaften stießen wir immer wieder auf Rezepte, die ihren Ursprung in der reichen Küche der ehemals deutschen Ostlandschaften haben, und auch aus den Reihen unserer Leser erreichten uns mehrfach Bitten, diese Gebiete nicht zu vergessen.

In dem Autoren unseres „Kochbuch aus Berlin", Herrn Fritz Becker, fanden wir einen hervorragenden Kenner nicht nur der Küche, sondern auch der Landschaften, ihrer Eigenarten und Histörchen. Unser besonderer Dank gebührt ihm, der seine Sammlertätigkeit so ernst nahm, daß wir nun gleich zwei Kochbücher der alten Ost-Landschaften auflegen konnten. Der vorliegende Band wird durch „Das Kochbuch aus Mecklenburg, Pommern und Ostpreußen" in hervorragender Weise ergänzt.

Dank gilt natürlich auch den vielen anderen, die dieses Buch erst möglich gemacht haben; Antje Vogel-Steinrötter für die kleinen Randbemerkungen; Wolfgang Förster für die allgemeine Koordination und den Mitarbeitern der Druckerei Cramer für die Herstellung.

Sollten Sie, liebe Leser, Verbesserungen, Gedanken oder Kritik an diesem Buch haben, bitten wir Sie, uns zu schreiben. Wir werden Ihre Anregungen gerne bei der nächsten Auflage verwerten, denn was kann „gerade in der Küche" nicht noch verbessert werden?

Guten Appetit

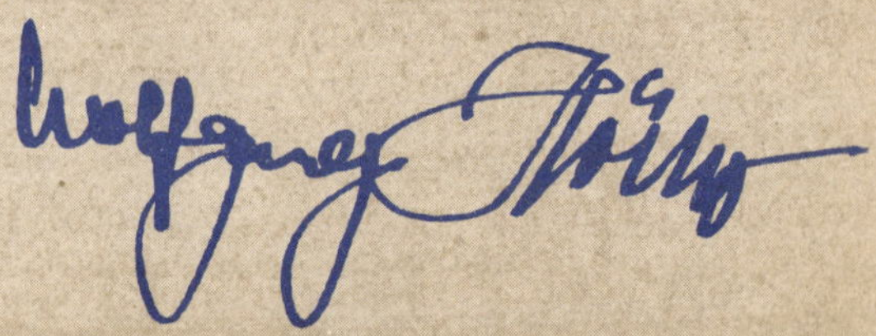

Wenn Sie sich für weitere Bücher aus unserem Verlag interessieren, schreiben Sie uns oder fragen Sie Ihren Buchhändler. Nachdem Sie dieses Buch kennengelernt haben, werden Ihnen sicher auch unsere anderen Titel zusagen, wobei Sie diejenigen, die wie das vorliegende Buch auch zur Landschaftsserie gehören, alle zu dem gleichen Preis erwerben können.

Eine kleine Überraschung haben wir noch für Sie. Sie können bei uns eine Schürze aus dem Umschlagstoff dieses Buches, aber auch aller anderer Landschafts-Titel unseres Verlages bestellen, besonders zum Verschenken und Selberschenken, zum Preis von DM 18,–. Sie wird Ihnen bestimmt gefallen!

Das Brotbackbuch
Das Kochbuch aus Hamburg
Das Kochbuch vom Oberrhein
Das Kochbuch aus Berlin
Das Kochbuch aus München und Oberbayern
Das Kochbuch aus Franken
Das Kochbuch aus Bremen
Das Kochbuch aus dem Münsterland
Das Kochbuch aus Tirol
Das Kochbuch aus Hessen
Das Kochbuch aus Mecklenburg, Pommern und Ostpreußen
Das Kochbuch aus Schleswig-Holstein
Das Kochbuch aus dem Rheinland
Das Kochbuch aus dem Saarland
Das Kochbuch aus Schwaben
Das Kochbuch aus Basel
Das Kochbuch aus Niedersachsen
Das praktische Jagdkochbuch
Das Buch vom schönen Backen
Das Kochbuch aus Kombüse und Pantry